start up power

JUNGE MENSCHEN GRÜNDEN UNTERNEHMEN

HERAUSGEBER STEFAN SCHRANER

IMPRESSUM

Herausgeber und verantwortlich für den Inhalt:
Schraner Erfolgslabor GmbH
Konzept, Text, Layout: Stefan Schraner, Verena Lorenz
Satz und Gestaltung: Verena Lorenz, München
Illustrationen: fotolia und Verena Lorenz
Bildnachweis: Alle Bilder von fotolia, außer
Cover, U4, S. 74, 75, 91–95, 98, 99, 120–123 (Imagesource),
S. 26, 31, 32 (Verena Lorenz),
S. 66–73, 78–85 (fotosearch)

Printed in Germany

inhalt

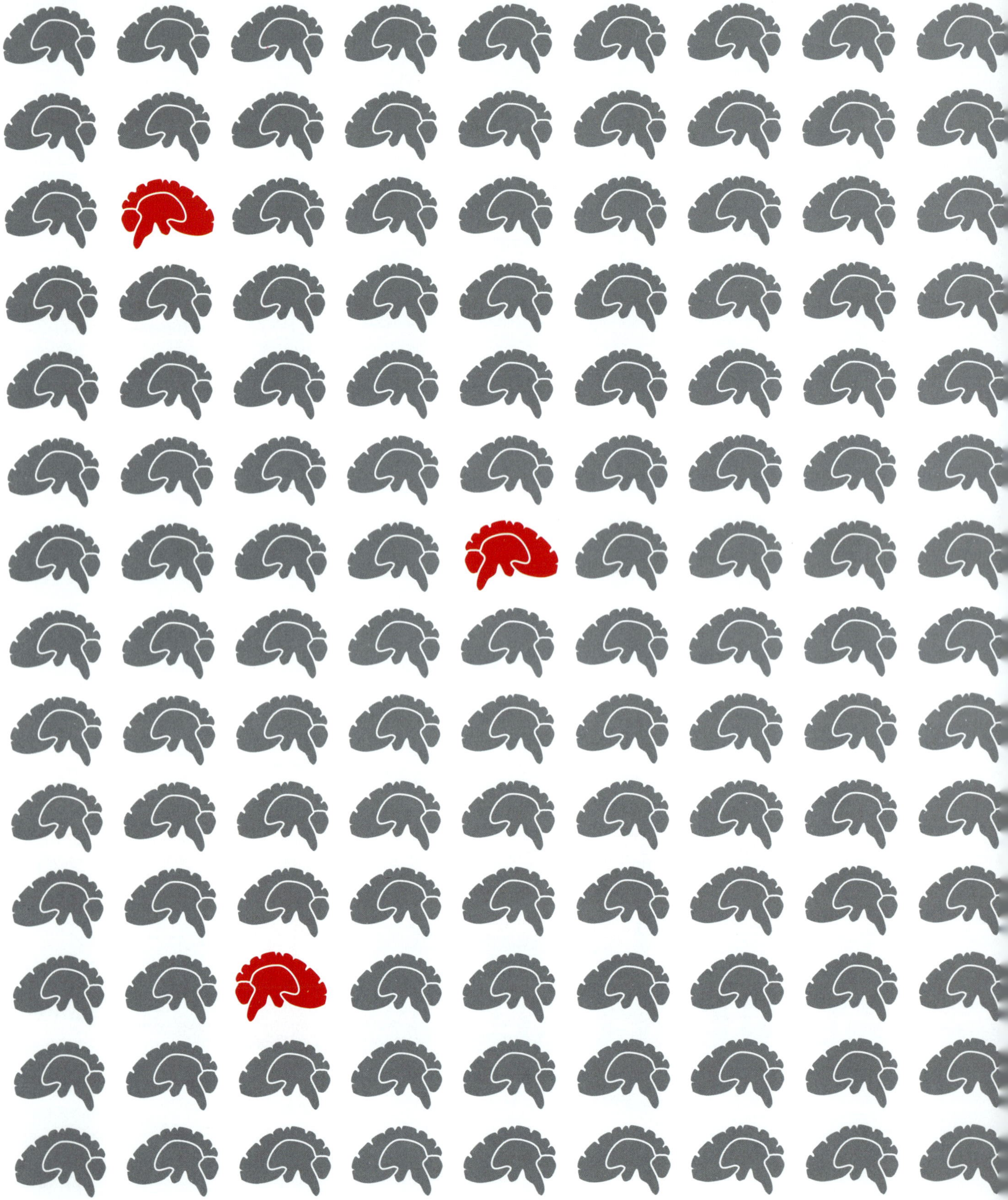

VORWORT

Wir alle haben hohe Ansprüche an unser Leben und somit auch an unsere Arbeit. Spaß soll sie machen, Bestätigung bringen und natürlich wollen wir auch angemessenes Geld verdienen. Eine grundsätzliche Überlegung zum Thema Beruf ist sicher, ob du gerne weisungsgebunden oder weisungsungebunden arbeiten möchtest. Diese Wahlmöglichkeit kommt vielen gar nicht in den Sinn, dabei gibt es reichlich Beispiele von jungen Menschen, die sich schon früh erfolgreich selbstständig gemacht haben.

Nach den Grundsätzen des ehrbaren Unternehmertums sind nicht nur berufliche Ziele erreichbar, sondern auch private. Mit Entscheidungsfreude und Eigenverantwortung lässt sich gerade in jungen Jahren der Grundstein für eine erfolgreiche Zukunft legen.

Dieses Buch soll dich bei der Entscheidung zur Unternehmensgründung unterstützen. Hier sind einige wichtige und interessante Fakten zusammengetragen, die man in der Schule und der Uni so oft nicht bekommt.

Ich wünsche dir viel Spaß mit diesem Buch.

Stefan Schraner,
Geschäftsführer Erfolgslabor

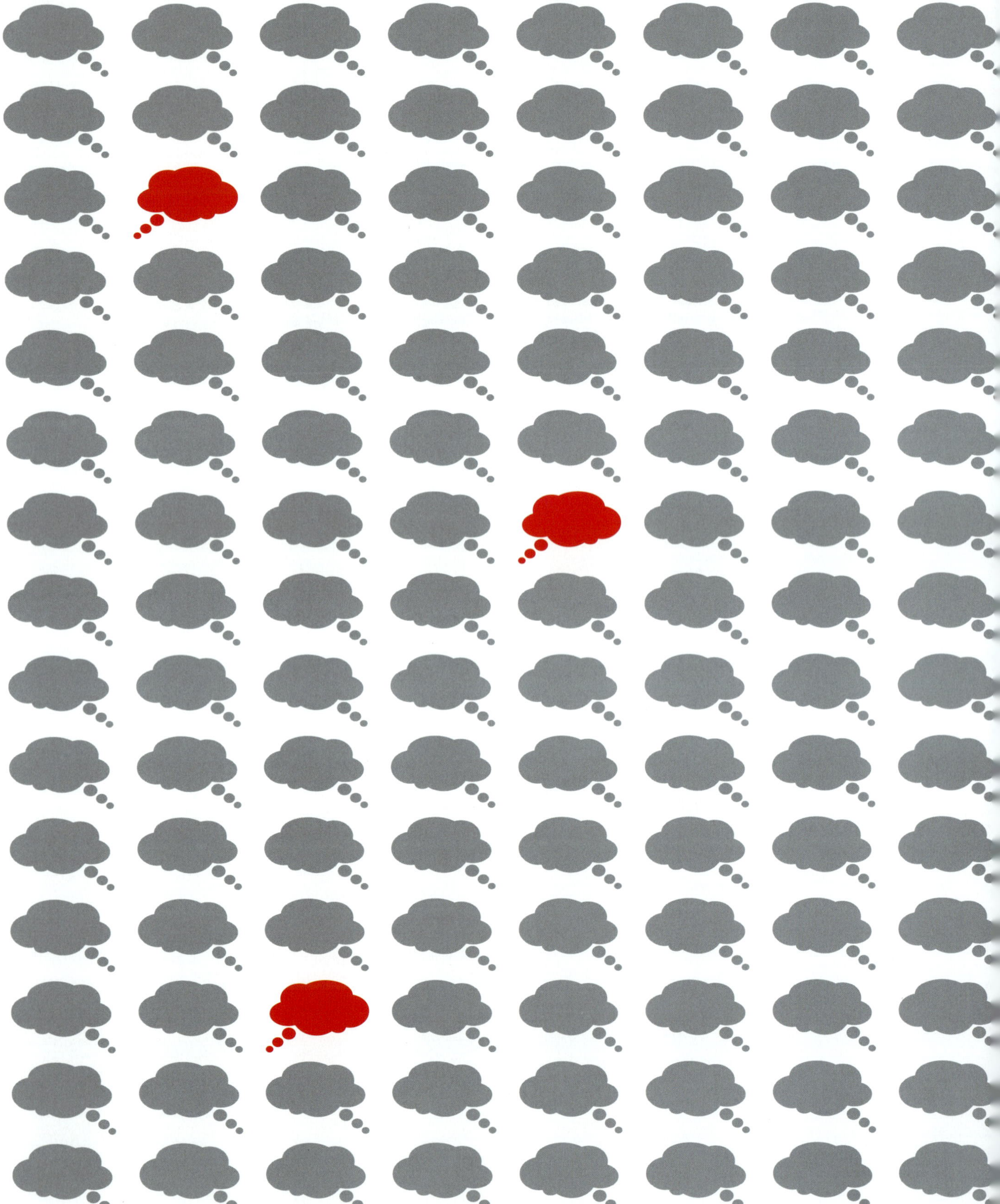

VORWORT

Stellt Euch vor, ein intensiver Wunsch begleitet Euer ganzes Leben und Ihr setzt ihn doch nicht in die Tat um – obwohl Ihr es könntet, niemand hindert Euch daran. Es fehlt nur der letzte Ruck, ein wenig Mut!

So geht es vielen Deutschen, denn die meisten wären beruflich gerne selbstständig. Das zeigen Umfragen. Gerade Jugendliche haben schon öfter mit dem Gedanken gespielt, später selbstständig zu werden. Die realen Zahlen sprechen jedoch eine andere Sprache. Die meisten Menschen in unserem Land sind abhängig beschäftigt. Nur wenige gründen ein eigenes Unternehmen. Zwischen Traum und Wirklichkeit klafft eine große Lücke.

Warum? Viele haben Angst vor dem Scheitern. In dieses Bild passt auch, dass nur wenige Deutsche von sich behaupten, über das Wissen und Können für eine Unternehmensgründung zu verfügen. Ich bin überzeugt: Das lässt sich ändern! Das Buch start up power setzt genau hier an. Es ermutigt, die eigenen Talente zu erkennen und auszubilden. Es liefert grundlegendes Handwerkszeug, um das eigene Unternehmen aufzubauen.

Traut Euch. Es gibt viele helfende Hände, die euren Mut unterstützen – zum Beispiel in Form staatlicher Förderung. Auch davon ist in diesem Buch die Rede. Ich wünsche viel Spaß beim Lesen und noch mehr beim Schritt in die Selbstständigkeit – es gibt kaum etwas Aufregenderes im Leben.

Dagmar Wöhrl,

Mitglied des Deutschen Bundestages

BIST DU
UNTERN

EIN
EHMER?

ES GEHT UM DICH!

WARUM WILLST DU DICH SELBSTSTÄNDIG MACHEN?

Das ist wohl die erste und wichtigste Frage, wenn du dich mit dem Gedanken trägst, ein eigenes Unternehmen zu gründen. Meistens gibt es aber nicht nur eine Antwort, sondern es spielen verschiedene Motive eine Rolle. Gute Gründe gibt es jede Menge ...

ICH HABE EINE TOLLE GESCHÄFTSDEE!

DIESES PRODUKT MUSS EINFACH AUF DEN MARKT!

ICH MÖCHTE MEHR LEBENSQUALITÄT (WORK-LIFE-BALANCE).

ICH WILL ANSTÄNDIGES GELD VERDIENEN!

ICH HABE AM MEISTEN SPASS AM ARBEITEN, WENN ICH EIGENSTÄNDIG ENTSCHEIDEN KANN.

ICH WILL MICH SELBST VERWIRKLICHEN.

ICH MÖCHTE MEINE ZEIT SELBST EINTEILEN.

ICH WILL KEINEN VORGESETZTEN HABEN!

MEINE GANZE FAMILIE IST SELBSTSTÄNDIG.

ICH HABE KEINEN JOB, ABER VIEL POTENZIAL!

ES IST NIE ZU FRÜH!

Gerade junge Menschen können sich mit der richtigen Geschäftsidee einfach selbstständig machen, da sie in der Regel noch keine hohen Versorgungspflichten für Kinder oder Ehepartner haben. Auf der anderen Seite fehlt natürlich die jahrelange Berufserfahrung. Das kann kompensiert werden durch ein intaktes, großes Netzwerk, das viele ohnehin schon unbewusst während der Schulzeit aufbauen und pflegen. Große Chancen haben junge Unternehmer vor allem in Branchen, die sich sowieso schnell verändern, und mit besonders originellen Ideen. Dabei gibt es viele Möglichkeiten, sich unterstützen und beraten zu lassen – angefangen von der Industrie- und Handelskammer mit Existenzgründungsseminaren bis hin zu Business-Angels, die dir finanziell und mit Rat und Tat zur Seite stehen. Ein weiterer Gewinn gerade für junge Gründer: Was du in der Zeit als Unternehmer lernst, beeinflusst dein ganzes weiteres Leben. Du kannst direkt loslegen, ohne dich in Zwänge und Gedankenmuster pressen zu lassen. Junge Unternehmer gehen schneller als alle anderen den Weg zu Selbstbewusstsein, Verantwortungsgefühl und Durchhaltevermögen.

WAHRHEIT ODER MYTHOS?

So schön, wie die Selbstständigkeit ist – ein paar Irrtümer halten sich hartnäckig. Beispielsweise der Mythos vom schnellen Geld mit wenig Aufwand. Realität ist, dass Unternehmer meistens mehr arbeiten als der Durchschnittsarbeitnehmer. Klar, dabei verdienen sie häufig entsprechend mehr, aber geschenkt wird einem – gerade als Unternehmer – nichts. Zum Ausgleich aber sind Spaßfaktor, Selbstbestimmung und Motivation um ein Vielfaches höher.

Mittlerweile hat sich auch der Unsicherheitsmythos der Selbstständigkeit relativiert. Klar, erstmal gibt es für den Unternehmer kein sicheres monatliches Gehalt, Kündigungsfristen und dergleichen. Aber für welchen Berufseinsteiger gibt es das heute noch? Bei cleverer, erfolgreicher Unternehmensführung kannst du dir wichtige Sicherheiten aufbauen, beispielsweise durch gute Kundenbindung, ein flexibles Angebot, ein breites Kundenportfolio, Bildung von Rücklagen, Abschluss entsprechender Versicherungen (für Rente, Berufsunfähigkeit und Krankheit).

BIST DU EIN UNTERNEHMER?

Eine positive Einstellung, den Willen, es zu schaffen, und eine große Portion Optimismus gepaart mit Realismus bringst du idealerweise mit – dann kann kaum etwas schiefgehen!

Auf den folgenden Seiten haben wir eine Checkliste und einen Test zusammengestellt, um dir einen Überblick über deine Stärken und Schwächen zu verschaffen.

STÄRKEN UND SCHWÄCHEN

Kein Mensch ist perfekt! Allein die Tatsache, dass du dieses Buch in der Hand hast und es liest, qualifiziert dich schon als potenziellen Unternehmer – also lass dich nicht entmutigen, wenn es noch ein paar vermeintliche Schwächen gibt. Konzentrier dich auf deine Stärken! Deine Schwächen solltest du zwar wahrnehmen und so kompensieren, dass du damit zurechtkommst – aber nutze deine Stärken, um Spitzenleistungen zu erzielen. Erfolgreich sind häufig die, die Experten auf einem Gebiet sind, auch wenn sie bei anderen Themen gerade mal durchschnittliche Leistungen bringen. So kann der kreative Modedesigner eine absolute Null in Mathe sein oder ein toller Verkäufer in Physik eine 5 gehabt haben. Die Punkte in der Checkliste rechts sind alles Faktoren, die dir den Weg in die Selbstständigkeit leichter machen. Nimm sie auch als Anregung, um an dir zu arbeiten. Übrigens: Schulnoten sind erwiesenermaßen kein ausschlaggebender Faktor für unternehmerischen Erfolg.

CHECKLISTE ERFOLGSFAKTOREN

- [ ] Du hast eine gute Geschäftsidee, ein gutes Produkt oder eine gute Dienstleistung.
- [ ] Du bist von deiner Geschäftsidee überzeugt.
- [ ] Du siehst hinter dem, was du tust, einen Sinn.
- [ ] Du hast viel Selbstvertrauen und bist optimistisch.
- [ ] Du hast eine positive Einstellung zu deiner Arbeit.
- [ ] Du kommst gut mit (zumindest fürs Business wichtigen) Menschen zurecht.
- [ ] Du bist ein guter Networker (hast und pflegst dein Netzwerk).
- [ ] Du wirkst sympathisch auf Menschen.
- [ ] Du kannst Vertrauen wecken und aufrechterhalten.
- [ ] Du hast einen starken Willen.
- [ ] Du besitzt eine spezielle Kompetenz.
- [ ] Du hast Branchenkenntnis.
- [ ] Du bist mutig.
- [ ] Du triffst gerne Entscheidungen.
- [ ] Du magst Abwechslung und hast eine große Bereitschaft dazuzulernen.
- [ ] Du kannst dich auf die Bedürfnisse deiner Kunden einstellen.
- [ ] Du verfügst über kaufmännisches Wissen.
- [ ] Deine Familie und dein Umfeld unterstützen dich.
- [ ] Du verfügst über etwas Geld.
- [ ] Du bist fleißig.
- [ ] Du packst Probleme gleich an und schiebst sie nicht auf die lange Bank.
- [ ] Du bist ehrgeizig.

FRAGEBOGEN

WELCHER UNTERNEHMER-TYP BIST DU?

Mach den Persönlichkeits-Check und verschaffe dir ein Bild von deinen Stärken. Hier werden besonders die Eigenschaften getestet, die für einen Unternehmer wichtig sind.

Und so geht's:

Wähle pro Bild ehrlich die Antwort aus, die am besten zu dir passt, und trage die Zahl, die dahintersteht, hier ein.

FRAGE	PUNKTZAHL
1	
2	
3	
4	
5	
6	
7	
8	
9	
10	
11	
12	
13	
14	
15	
16	
17	
18	
19	
20	
21	

Am Schluss rechnest du deine Punktzahl in der Tabelle auf Seite 22 zusammen und trägst die Summe in das Spinnendiagramm auf Seite 23 ein.

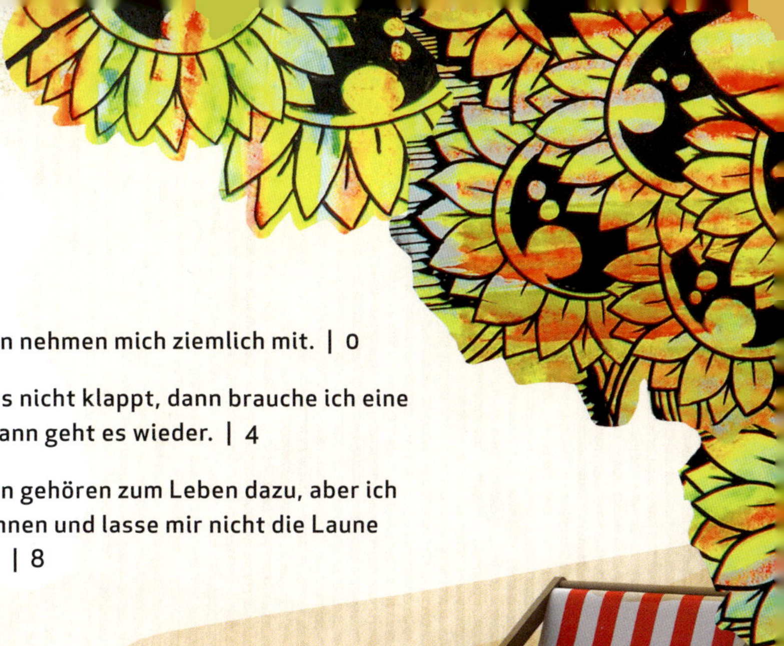

1

Niederlagen nehmen mich ziemlich mit. | 0

Wenn etwas nicht klappt, dann brauche ich eine Zeit, und dann geht es wieder. | 4

Niederlagen gehören zum Leben dazu, aber ich lerne aus ihnen und lasse mir nicht die Laune verderben. | 8

2

Ich bin froh, wenn ich nicht so viel arbeiten muss. | 0

Ich habe den Anspruch, dass mir meine Arbeit Spaß machen soll, und da zähle ich auch nicht die Stunden. | 8

Ich finde Arbeit o.k., vermeide sie aber, wo ich kann. | 2

3

Ich finde es sehr wichtig, auch mal ungewöhnliche Wege zu gehen, um neue Lösungsmöglichkeiten zu finden. | 8

Ich mag es, wenn alles vorhersehbar ist und ich nicht umdenken muss. | 0

Ab und zu finde ich es gut, mal ganz neue Wege auszuprobieren. | 4

5

Stress macht mich wahnsinnig. | 0

Ich mag Druck nicht besonders und kann dann auch nicht so gute Ergebnisse liefern. | 4

Ich halte Belastungen gut aus und verliere trotzdem nicht den Mut. | 8

4

Viele Lösungsansätze bei Gruppenarbeiten kommen von mir. | 8

Ich finde es gut, wenn ich mich nicht so einbringen muss und die anderen die Ideen haben. | 0

Ab und zu habe ich eine gute Idee. | 4

6

Ich habe mir noch nie Ziele gesetzt. | 0

Ab und zu setze ich mir Ziele. | 4

Ich setze mir selbst regelmäßig Ziele. | 8

7

Ich bin kein Spielertyp und vermeide Risiken, weil mir das den Schlaf raubt. | 2

Ich gehe niemals ein Risiko ein. | 0

Ich mag Sicherheit, aber ab und zu muss auch mal Risiko sein. | 8

8

Ich trage nicht so gerne Verantwortung. | 0

Ich trage gerne Verantwortung und traue mir viel zu. | 8

Verantwortung ist in Ordnung, aber wirklich wohl fühle ich mich damit nicht. | 2

9

Wenn zu viel zu tun ist oder es unangenehme Dinge zu erledigen gibt, mache ich mir auch abends noch Gedanken. | 2

Stress zieht mich total runter. | 0

Ich finde schnell Ausgleich zu Stress, treibe Sport oder entspanne. | 8

10

In dem, was ich gerne mache, bin ich immer unter den Besten. | 8

Wenn mir etwas Spaß macht, bin ich da auch ganz gut. | 2

So wirklich gut kann ich eigentlich gar nichts. | 0

11 **SCHAU DIR DAS BILD OBEN AN. WAS SIEHST DU?**

Die Gläser sind halb leer | 0

Die Gläser sind halb voll. | 4

Je nach Stimmung sind die Gläser halb voll oder halb leer. | 4

Kritik

12

Ich lasse mich nicht kritisieren! | 0

Konstruktive Kritik ist mir immer willkommen. Wie soll ich sonst besser werden? | 8

Ich vermeide es, mich belehren zu lassen. | 4

13

SCHAU DIR DAS BILD LINKS AN. WAS DENKST DU?

Ah ja, Fische. | 0

Hey, da schwimmt einer in die falsche Richtung. | 2

Ich weiß genau, welcher Fisch ich wäre. | 8

14

Es gibt Bereiche, in denen ich schon sehr gut bin, und dort entwickle ich mich auch immer weiter – auch weil es mich eben sehr interessiert. | 8

Wenn ich einmal etwas kann, muss ich da ja nicht ständig was Neues dazulernen. | 0

Ich sehe zu, dass ich in meinen Spezialgebieten einigermaßen auf dem Laufenden bleibe. | 2

15

SCHAU DIR DAS BILD LINKS AN. WAS DENKST DU?

Oh je, ob ich da treffe? | 0

Wenn der Torwart etwas seitlicher stünde, wäre es einfacher. | 4

Yep, den Ball mach ich rein, da hat der keine Chance, der zittert ja schon. | 8

16

SCHAU DIR DAS MÄNNCHEN LINKS AN. WAS DENKST DU?

Das Gefühl kenne ich. Ich treffe nicht gerne Entscheidungen. | 0

Nützt ja nichts, einen von den Wegen muss er gehen. | 4

Ich weiß häufig genau, welcher Weg der richtige für mich ist. Augen auf und durch! | 8

17

Ich habe schon ein paar Stärken, aber auch einige Schwächen. | 2

Ich habe Stärken, und ich versuche auch, sie zu zeigen und zu nutzen. | 8

Ich finde mich und meine Leistungen eher durchschnittlich. | 0

18

Ziele zu erreichen ist mir nicht so wichtig. Es ist für mich auch nicht schlimm, wenn's lange dauert. | 0

Ich verfolge meine Ziele schon, aber es muss ja nicht alles so schnell gehen. | 4

Ich erreiche meine Ziele häufig und engagiere mich auch dafür, dass es schnell geht. | 8

19

Ich glaube nicht, dass ich eine rosige Zukunft vor mir habe. | 0

Man weiß ja nie so richig, was die Zukunft bringt. | 4

Ich sehe positiv in die Zukunft, bei mir wird bestimmt alles ganz gut laufen. | 8

20

Ich bin ein Spezialist in meinem Job, kenne mich sehr gut aus und habe eine Menge Erfahrung. | 8

Mir ist mein Job relativ egal. | 0

Ich habe zwar noch nicht viel Erfahrung in meinem Beruf, aber ich lerne schnell dazu. | 4

21

Ich komme gut alleine mit meinen Aufgaben zurecht; wenn ich es brauche, hilft mir auch jemand. | 8

Ich bin manchmal überfordert und wünsche mir mehr Unterstützung durch Freunde und Familie. | 0

Meine Freunde und meine Familie unterstützen mich super – ich bekomme alle Aufgaben stressfrei unter einen Hut. | 8

Für jede der sieben Eigenschaften gibt es je drei Fragen. Welche Fragen zusammengehören, siehst du hier in der Tabelle. Bitte errechne die Summe aus den Werten der entsprechenden Fragen und trage sie in das Diagramm rechts ein. Dann verbinde die Kreuze (Beispiel siehe unten), und schon siehst du deutlich, wo deine Stärken und Schwächen liegen.

In Bereichen, in denen du unter 12 Punkten bist, solltest du an deinen Fähigkeiten arbeiten oder dir für dein Unternehmen Partner suchen, die da besonders gut sind. Insgesamt sollte deine Unternehmensidee zu deinem Spinnendiagramm passen. Wenn du also eine Werbeagentur eröffnen möchtest, ist der Wert »kreativ« besonders wichtig. Wenn du planst, eigene Events zu organisieren, solltest du im Bereich »belastbar« stark sein.

FRAGEN	PUNKTZAHL DER FRAGEN HIER ADDIEREN	WERT BEI ...
12 15 17		(1)
1 11 19		(2)
3 4 13		(3)
2 6 18		(4)
7 8 16		(5)
10 14 20		(6)
5 9 21		(7)

... IM DIAGRAMM EINTRAGEN

Beispiel

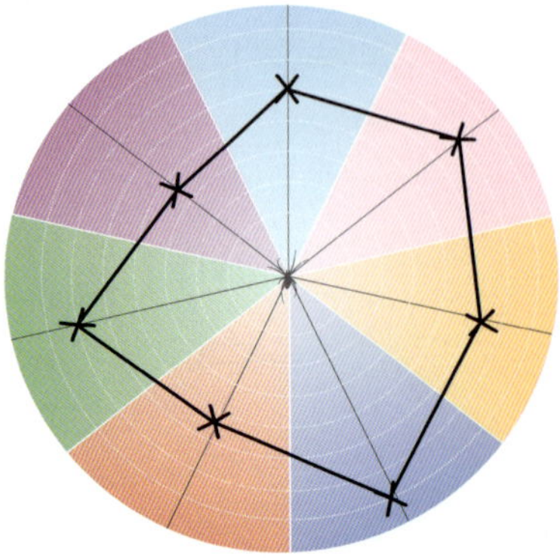

DOWNLOAD DES FRAGEBOGENS UNTER WWW.ERFOLGSLABOR.COM

Name:

Datum:

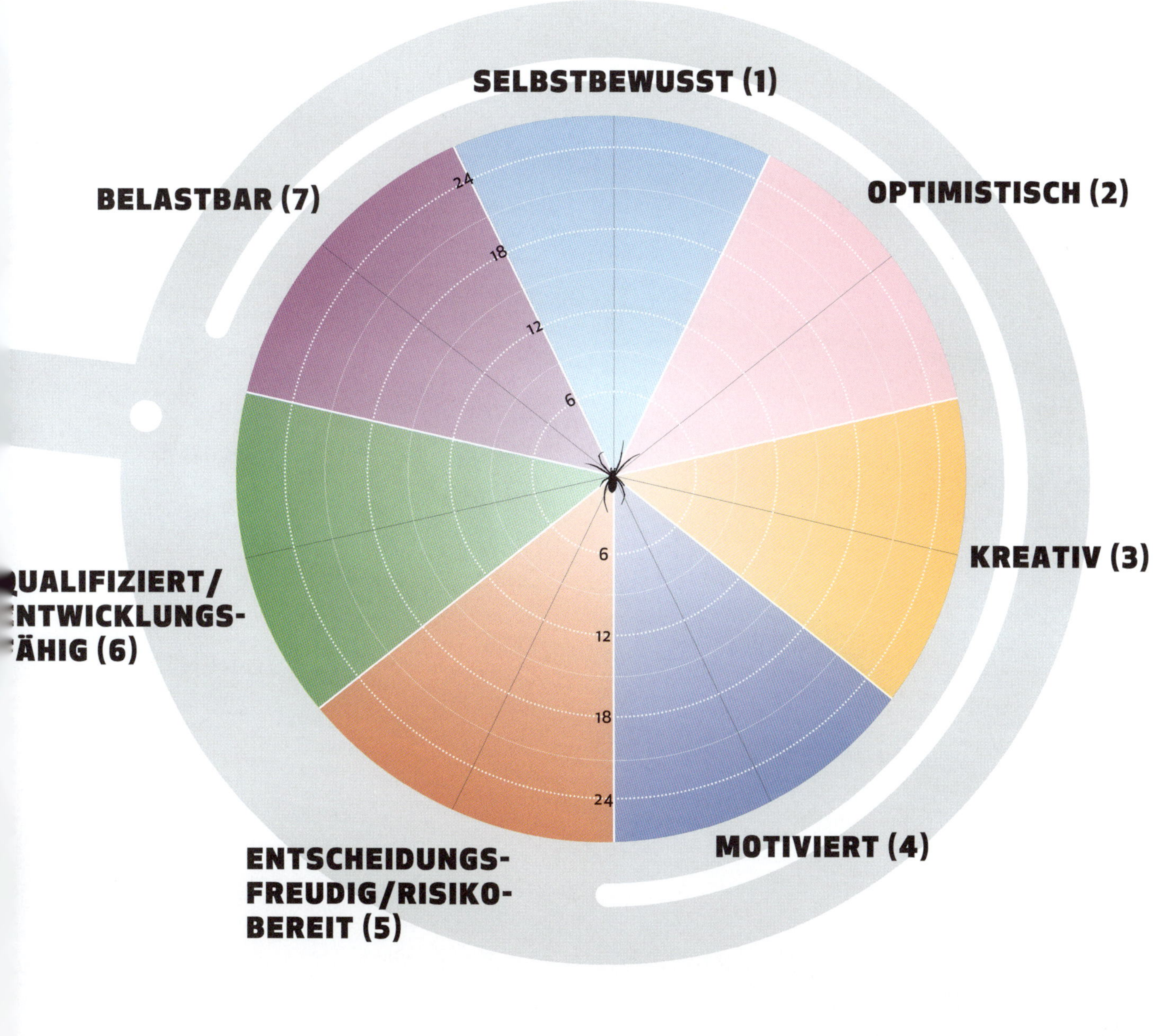
SELBSTBEWUSST (1)
OPTIMISTISCH (2)
KREATIV (3)
MOTIVIERT (4)
ENTSCHEIDUNGS-FREUDIG/RISIKO-BEREIT (5)
ENTWICKLUNGS-FÄHIG (6)
BELASTBAR (7)
6
12
18
24

IDEE

BUS

FINDUNG &
ESSPLAN

BREAKING THE RULES:
HAU DIE GANZEN EINWÄNDE,
BESCHRÄNKUNGEN UND
TRADITIONELLEN
VORSTELLUNGEN ERSTMAL
IN DIE TONNE!

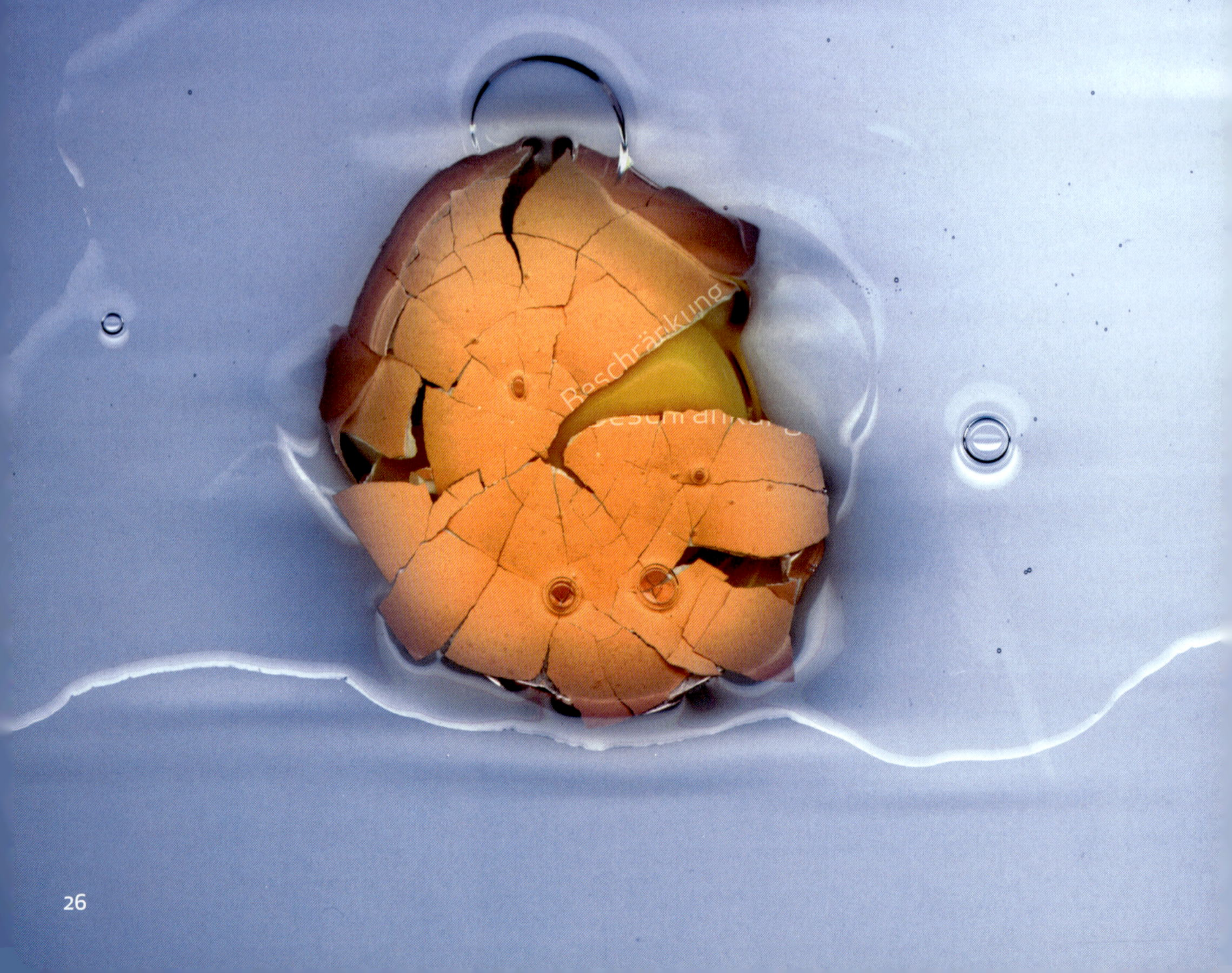

IDEENFINDUNG

Eine erste Idee oder erste Ideen hast du sicherlich schon. Die folgenden Seiten sollen dir helfen, die Idee zu verfeinern oder sogar auf etwas ganz Neues zu kommen. Beschränke dich dabei im Geiste nicht, lass deinen Gedanken freien Lauf. Die mögliche Umsetzung kommt immer erst an zweiter Stelle. Egal, ob du alleine an die Sache herangehst oder ihr zu mehreren seid, eine gute Idee ist das Herzstück jedes Unternehmens.

IDEENABSICHERUNG (SCHUTZRECHTE)

Habt ihr eine spektakuläre technische Erfindung gemacht und möchtet die Funktionsweise oder das Aussehen vor Nachahmung schützen? Das Deutsche Patent und Markenamt (*www.dpma.de*) hilft euch eure Erfindung mittels eines Patents, Gebrauchs- oder Geschmacksmusters zu schützen.

- **Patente:** Patente sind Schutzrechte, die für technische Erfindungen erteilt werden. Sie müssen neu sein, auf einer erfinderischen Tätigkeit beruhen und gewerblich anwendbar sein. Wichtig ist, dass die Erfindung vor Antragstellung noch in keiner Weise veröffentlicht wurde. Der Patentantrag ist recht aufwendig und teuer und unterliegt einer formellen und fachlichen Prüfung. Dafür wirkt der Schutz des Patents mit 20 Jahren am stärksten.

- **Gebrauchsmuster:** Für »kleine« technische Erfindungen lässt sich ein Gebrauchsmuster mit weit weniger Aufwand als beim Patent beantragen. Auch hier muss die Erfindung neu und gewerblich anwendbar sein. Allerdings können auch Erfindungen geschützt werden, die bereits auf einer Messe oder in sonstiger Weise der Öffentlichkeit zugänglich gemacht worden sind. Mit einem Gebrauchsmuster lässt sich deine Erfindung maximal 10 Jahre schützen.

- **Geschmacksmuster:** Das optische Erscheinungsbild deiner Erfindung kannst du als Geschmacksmuster schützen lassen. Auf diese Weise kannst du alles, was es in dieser Form bisher noch nicht gegeben hat und sich genügend von alltäglichen Dingen unterscheidet für maximal 20 Jahre vor Nachahmern schützen.

CHECKLISTE

IDEENERWEITERUNG

Folgende Fragen können deine Idee erweitern, verbessern und verstärken *(sie passen natürlich nicht zu jeder Idee, also bitte die für dich relevanten Fragen auswählen)*:

- [ ] Sprich mit deiner Zielgruppe. Was will sie wirklich?
- [ ] Was halten die Menschen aus deiner Zielgruppe von deiner Idee?
- [ ] Was finden sie total gut?
- [ ] Was hätten sie gerne noch zusätzlich?
- [ ] Was erwarten sie mindestens von deinem Angebot?
- [ ] Warum würden sie bei dir kaufen?
- [ ] Warum würden sie nicht bei dir kaufen?
- [ ] Was gibt es für Verbesserungsvorschläge?
- [ ] Welches Produkt müsste es eigentlich geben?
- [ ] Welche Dienstleistung müsste es eigentlich geben?
- [ ] Welchen Service/welches Produkt könntest du gut gebrauchen?
- [ ] Welchen Service/welches Produkt könnten die Leute in deinem Umfeld brauchen?

- ☐ Welche Produkte liegen dir besonders?
- ☐ Welche Tätigkeiten liegen dir besonders?
- ☐ Womit verbringst du gerne deine Freizeit?
- ☐ Welche Tätigkeit ist dir immer schon leichtgefallen?
- ☐ Kannst du dich mit deinem aktuellen Beruf auch selbstständig machen?
- ☐ Was ist mit Frauen als Zielgruppe? Gibt es da eine Modifizierung deines Produkts/deiner Dienstleistung?
- ☐ Was ist mit Rentnern als Zielgruppe? Gibt es da eine Modifizierung deines Produkts/deiner Dienstleistung?
- ☐ Hast du etwas woanders (beliebt: der USA-Urlaub) gesehen, das toll war und das es hier noch nicht gibt?
- ☐ Gibt es eine ähnliche Geschäftsidee schon, die du aber noch besser machen könntest?
- ☐ Könntest du eine Geschäftsidee variieren, z.B. in einer anderer Branche oder mit anderen Produkten?
- ☐ Wie grenzt du dich von deinen Mitbewerbern ab?
- ☐ Würdest du gerne als Franchisenehmer tätig werden?

DOWNLOAD DER CHECKLISTE UNTER WWW.ERFOLGSLABOR.COM

KREATIVITÄTSTECHNIKEN

Nachdem du sicher eine Idee oder Richtung hast, in die du gerne gehen möchtest, geht es nun darum, diese Gedanken auszuloten, damit du dich von deinen Mitbwerbern absetzen kannst. Dazu gibt es viele Möglichkeiten, beispielsweise spezielle Kreativitätstechniken, mit denen du arbeiten kannst. Besonders beliebt und auch häufig angewendet ist das **BRAINSTORMING.** Mit mehreren Leuten zusammen werden hier Ideen gesammelt. Vorher sollte das **Ziel** definiert werden (z.B. »Wie könnte meine Geschäftsidee im Einzelnen aussehen?« oder »Wie genau könnte man sie umsetzen?«).

Jeder Teilnehmer des Brainstormings sollte **eigene Vorschläge** zum Thema vorbereiten und dann der Gruppe präsentieren. Alle sprechen darüber, machen sich laut Gedanken und Notizen. Hier kann gerne auch rumgesponnen werden, können Dinge außer Acht und Fehler gemacht werden. Lasst euren Gedanken freien Lauf und haltet euch mit Kritik an den Ideen der anderen zurück. Im Gegenteil: Sucht **das Positive in jeder Idee,** idealerweise mit Humor und nicht zu viel Ernsthaftigkeit. Mach dir während des Brainstormings Notizen und kleine Zeichnungen, so dass nachher nichts vergessen wird.
Schließlich wird alles schriftlich zusammengefasst, alle Ideen werden bewertet und die passenden ausgewählt.

Bewertung und **Auswahl** macht ihr am besten frühestens am nächsten Tag. Erst in dieser Phase darf Kritik geäußert werden. Ideen kommen selten perfekt zur Welt. Jetzt ist der richtige Zeitpunkt, um zu feilen, kritische Anmerkungen aufzunehmen und einfließen zu lassen und die Idee zu verbessern.

WIRF RUHIG AUCH MAL VORGEFERTIGTE VORSTELLUNGEN ÜBER BORD!

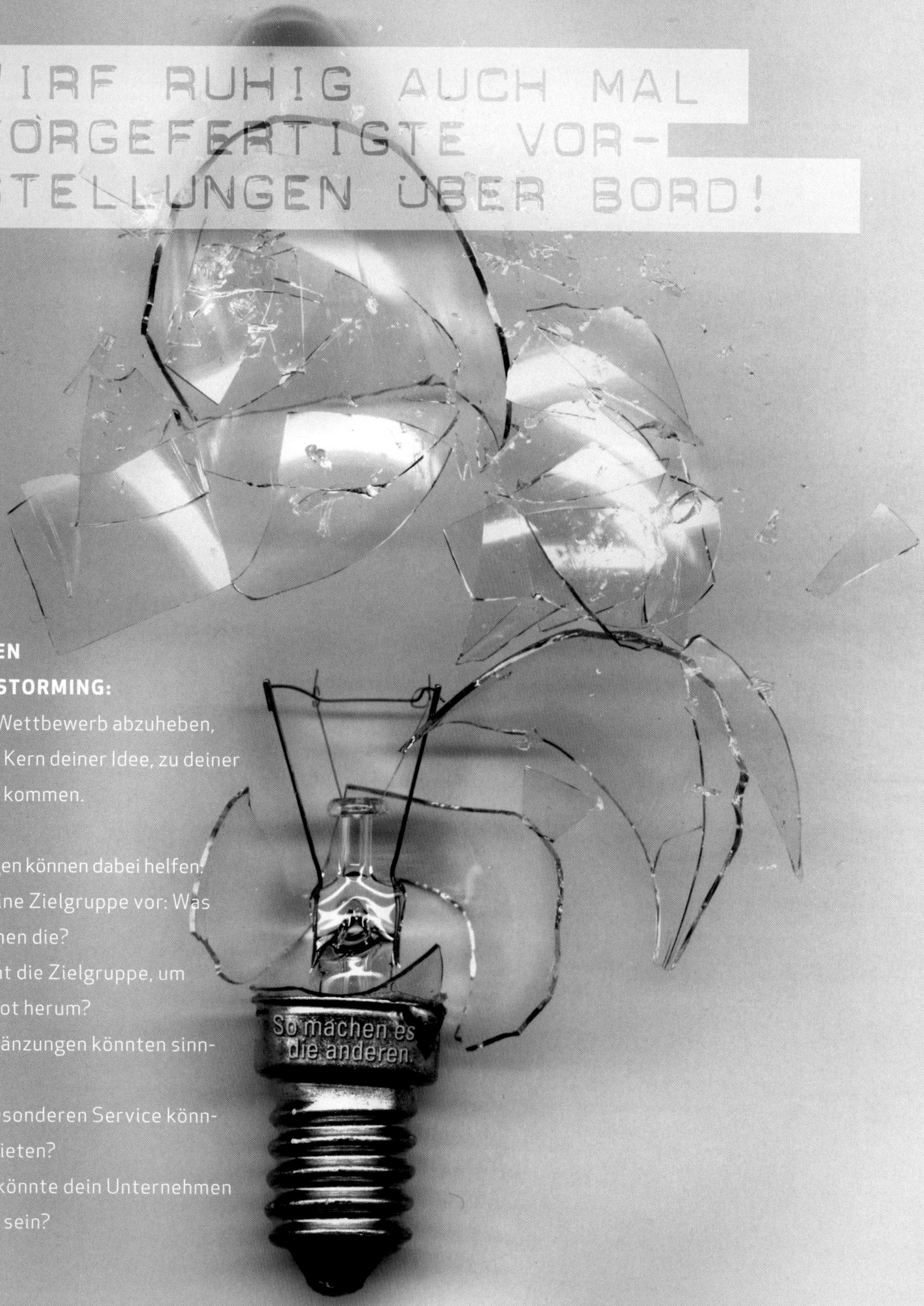

ANREGUNGEN ZUM BRAINSTORMING:

Um dich vom Wettbewerb abzuheben, musst du zum Kern deiner Idee, zu deiner Besonderheit kommen.

Folgende Fragen können dabei helfen:

- Stell dir deine Zielgruppe vor: Was genau machen die?
- Was braucht die Zielgruppe, um dein Angebot herum?
- Welche Ergänzungen könnten sinnvoll sein?
- Welchen besonderen Service könntest du anbieten?
- Wie genau könnte dein Unternehmen organisiert sein?

LASS DIR DEINE IDEEN NICHT VERDERBEN!

ALLEIN ODER ALS GRUPPE?

In der Gruppe macht die Ideenfindung viel Spaß und man kommt auf mehr Ideen als alleine. Allerdings ist es hier besonders wichtig, nicht die Ideen der anderen gleich kaputt zu machen – mit Kritik sollten sich in diesem Stadium bitte alle zurückhalten.

DIE WALT-DISNEY-METHODE

Hier noch eine weitere, sehr effektive Kreativitätstechnik. Diese Methode geht tatsächlich auf Walt Disney zurück und wurde von dem Amerikaner Robert Dilts erarbeitet. Der Gründer und Namensgeber der weltbekannten Disney Company war ein Mensch mit sehr ausgeprägten Träumen und Visionen.
Er unterschied drei verschiedene Phasen in der Erarbeitung seiner Ziele: **den Träumer, den Realisten und den Kritiker.** Leider werden diese Rollen normalerweise oft vermischt. Beim Träumen wird häufig bereits an die Umsetzbarkeit gedacht und beim Planen denkt man an die viele Arbeit und an die Kritik anderer.

Disney trennte diese Rollen zeitlich und räumlich voneinander. Er richtete sich für jede Rolle ein anderes Zimmer ein. In diesem Raum versetzte er sich in die Denk- und Gefühlswelt der jeweiligen Rolle. Unterstützt wurde das Hineinversetzen durch die Ausstattung der Zimmer. So war der Raum des Träumers groß, hell, bunt und voll mit Bildern. Im Zimmer des Realisten stand ein Zeichentisch mit allen möglichen Zeichen- und Rechenutensilien. Der Kritiker hatte ein kleines, karges Zimmer.

Diese Technik eignet sich sowohl für eine einzelne Person als auch für eine Gruppe. Entweder durchlauft ihr die Stationen gemeinsam und unterstützt euch in den jeweiligen Rollen oder ihr bzw. du wendest diese Technik nacheinander an. Wichtig ist: Grenze die einzelnen Rollen eindeutig gegeneinander ab. Also bitte ja nicht als Träumer schon Einwände ansprechen! Steiger dich in jede Rolle rein und nimm NUR diese Rolle an. Alles andere solltest du bewusst weglassen. Du brauchst dazu nicht zwingend einzelne Räume – es reichen auch schon drei Stühle, die in verschiedene Ecken eines Raumes gestellt werden. Dabei ist es einfacher, wenn du die Stühle unterschiedlich dekorierst, beispielsweise beim Träumer mit einer Blume (echt oder auf einen Zettel gemalt), beim Realist mit einem Lineal oder Werkzeug, beim Kritiker mit einer Lupe oder Diagrammen …

Zum Einstimmen setzt du dich nacheinander auf jeden Stuhl. So fällt dir das Hineinversetzen in die Rolle später leichter. Beim Träumer denkst du an etwas Schönes, einen tollen, kreativen Moment in deinem Leben und schaust dir die vorm Stuhl stehende Blume an. Nach einer kurzen Pause setzt du dich auf den Stuhl des Realisten. Denk hier an eine Situation, die du besonders geschickt und clever gelöst hast. Nimm das Lineal in die Hand. Nach einer Weile setzt du dich auf den Kritikerstuhl, denkst an eine Situation, in der du besonders kritisch warst und siehst dir den Boden genau an.

Nun schreibe das zu lösende Problem bzw. das schon bekannte Ziel auf (z.B. deine erste Unternehmensidee oder die Produktion und den Verkauf einer Sache oder eine Dienstleistung).

TRÄUMER

Was wäre schön?
Was fällt mir dazu ein?
Was wäre die ideale Situation?
Was ist mein Traum dazu?
Was fällt mir Verrücktes und Ausgefallenes dazu ein?

REALIST

Was wird für die Umsetzung benötigt (Material, Menschen, Wissen, Techniken etc.)?
Wie kann realisiert werden, was der Träumer sich ausgedacht hat?
Was muss getan oder gesagt werden?
Was fühlt man bei dieser Idee?
Welche Grundlagen sind schon vorhanden?
Kann der Ansatz getestet werden?

KRITIKER

Kann das realisiert werden?
Was halte ich für möglich?
Was kann gar nicht funktionieren?
Was ist einfach nur Träumerei?
Was könnte verbessert werden?
Was sind die Chancen und Risiken?
Was wurde übersehen?
Wie denke ich über den Vorschlag?

Jetzt geht's los: Schlüpfe in die jeweiligen Rollen:

Zuerst der Träumer: Egal, wie man das realisiert, ob es realistisch ist, ob es machbar ist, schreibe alle Ideen auf. Verrückte, völlig unlogische und ungewöhnliche Einfälle und Verbindungen sind besonders hilfreich. Sie sind die wesentliche Grundlage der kreativen Ideenfindung. Einschränkungen sind in dieser Phase nicht erlaubt, also auch keine Kritik oder Einwände.

Wenn du fertig bist, geh zum **Realisten-Stuhl.** Hier betrachtest du die Ideen aus der Traum-Rolle. Erarbeite einen Plan zur Umsetzung, notiere alle Maßnahmen, die notwendig sind, um das Ziel zu erreichen. Schreibe auf, über welche Mittel und Möglichkeiten du bereits verfügst und welche noch benötigt werden. Welche Menschen, Teams, Abteilungen oder Unternehmen könnten dir dabei helfen? Welche Ressourcen und Qualifikationen benötigst du?

Anschließend suchst du auf dem **Kritiker-Stuhl** nach Fehlern und Schwachpunkten im Plan. Sei sehr kritisch und nicht nett. Schreibe alle Punkte zu dem Plan auf, den du als Realist gemacht hast.

Dann kommt wieder die Traum-Rolle an die Reihe: Erarbeite aus den bisherigen Ergebnissen des Realisten und des Kritikers etwas noch Großartigeres. Nimm dir die Kritik Punkt für Punkt vor und erweitere das Ziel, bis sich die Kritik auflöst. An der Stelle bitte nicht die Idee reduzieren, sondern erweitern! Wenn der Kritiker beispielsweise anmerkt, dass die Zeit nicht ausreicht, dann könnte der Träumer noch einen Helfer einstellen. Wenn der Platz für die Idee nicht ausreicht, dann mietet der Träumer Räume dazu etc. Erweitere das Ziel, bis die Kritik sich auflöst und dem Kritiker nichts mehr einfällt. Das Ergebnis schreibst du genau auf – **ist das schon das Kernstück deines Unternehmens?**

VERGLEICH MIT DER KONKURRENZ

Um dich von Mitbewerbern zu unterscheiden und somit wichtige Marktvorteile zu sichern, solltest du manche Leistungen hervorheben und besonders gut machen – auch wenn du andere dafür vernachlässigst. Dadurch kann sogar ein neues Produkt/eine Dienstleistung entstehen, die erfolgreicher am Markt ist als alle anderen.

BEISPIEL *UNTERNEHMEN ERFOLG*

Quelle: Jenseits vom Mittelmaß, Hermann Scherer, das Interview mit H. Scherer findest du auf Seite 88.

Unternehmen Erfolg ist mit Vortrags- oder After-Work-Vortrags-Veranstaltungen deutschlandweit zum Marktführer geworden. Die Nutzenkurve unten verdeutlicht die zentralen Erfolgsfaktoren:

- **Steigerung:** Durch prominente Redner wie Ulrich Wickert, Samy Molcho oder Hans-Olaf Henkel wurden außergewöhnliche Referenten gewonnen, und das bei vergleichsweise äußerst niedrigen Preisen.
- **Vernachlässigung:** Auf teures Drumherum (wie aufwendiges Rahmenprogramm, repräsentatives Einlassprozedere, Namensschilder und Vortragsunterlagen) wurde einfach verzichtet. Wer eine der (übertragbaren) Karten hat, ist beim Erlebnisvortrag dabei. Das Prinzip der Veranstaltungen heißt »quick and easy«.
- **Reduzierung:** Die klassischen Anforderungen an die Gruppengröße wurden bis weit unter den Standard der Branche gesenkt. Statt auf Exklusivität setzt *Unternehmen Erfolg* auf hohe Teilnehmerzahlen. Denn ob 20, 200 oder 500 Teilnehmer zusammenkommen: Auf den Nutzwert des Vortrags hat das keine Auswirkung.
- **Gestaltung:** *Unternehmen Erfolg* hat das »Wissensabo« erfunden, etwas in der Branche völlig Neues. Ähnlich wie bei einem Theaterabonnement bucht der Kunde die Veranstaltungen im günstigen Zehnerpaket.

NUTZENKURVE VON *UNTERNEHMEN ERFOLG*

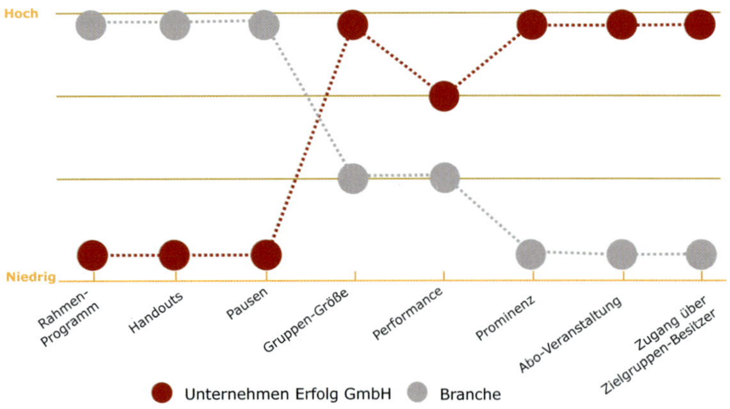

Auch *Unternehmen Erfolg* ist also in manchen Punkten »schlechter« als die Mitbewerber: Der Zuhörerkreis ist nicht so exklusiv, das Drumherum weniger gediegen. Dafür werden Mitbewerber bei anderen Erfolgsfaktoren übertroffen, etwa bei der Prominenz der Redner und beim günstigen Preis. Der Erfolg gibt dieser Kombination recht!

FINDE DEINE ERFOLGS-FAKTOREN

Zeichne deine eigene Nutzenkurve auf. Welche Bereiche sind für deine Idee relevant (z.B. Herstellung, Standort, Service, Kosten, Vertriebskonzept, Werbung ...)? Vergleiche dich mit den Wettbewerbern. Wo bist du besser? Wo die Mitbewerber? Welche Bereiche sind für deine Kunden besonders wichtig?

Und so sind wir schon mittendrin im Businessplan!

KONZENTRIER DICH AUF DAS BESONDERE!

WOZU EIN BUSINESSPLAN?

Dein Businessplan ist wichtig – nicht nur für die Beschaffung von Finanzmitteln. Mit einem guten Businessplan verschaffst du dir Klarheit über dein Unternehmen, planst die nächsten Jahre und merzt mögliche Defizite bereits im Vorfeld aus. Der Businessplan ist das Herzstück deines neuen Unternehmens. Hier wird deutlich, ob du die Ämter und Banken überzeugen kannst, ob du dich wirklich mit der Idee auseinandergesetzt und dich durch Zahlen, Prognosen, Marktrecherchen usw. gekämpft hast.

Ein Business- oder Geschäftsplan stellt eine Existenzgründung mit all ihren Chancen und Risiken klar und allgemein verständlich dar. Er beschreibt die Geschäftsidee, analysiert den dafür vorhandenen Markt, plant das Vorgehen bei der Realisierung, schätzt den Kapitalbedarf ein und gibt eine Voraussage auf zu erwartende Gewinne.

UNTERSTÜTZUNG IN ANSPRUCH NEHMEN

Es gibt einige Möglichkeiten, dich bei der Gründung deines Unternehmens und bei der Erstellung deines Businessplans unterstützen zu lassen. Gute Anlaufstellen sind: die Wirtschaftsjunioren, die IHK, das Arbeitsamt (siehe auch Seite 68). Die wichtigsten Erfolgsfaktoren findest du auf den nächsten Seiten.

Internettipps Businessplan
www.existenzgruender.de
www.bmwi.de
www.ihk.de
www.wjd.de
www.erfolgslabor.com

OHNE BUSINESSPLAN BLEIBEN VIELE FRAGEN OFFEN

So viel Prozent der Gründer in der IHK-Gründungsberatung …

Quelle: DIHK-Gründerreport 2006

Mit deinem gut ausgearbeiteten Businessplan wirst du alle diese typischen Anfängerfehler vermeiden und einen guten Start hinlegen können.

BUSINESSPLAN: ERFOLGSKRITERIEN

ERFOLGSFAKTOR 1: AUTHENTIZITÄT

Bitte keine allgemeinen betriebswirtschaftlichen oder werbeorientierten Floskeln. Schreib den Businessplan professionell, aber in deinem persönlichen Stil. Stell dabei das Besondere an deiner Idee heraus. Im Businessplan solltest du auch ehrlich die Chancen und Risiken deiner Geschäftsidee aufzeigen. Dadurch machst du deutlich, dass du dich gründlich mit dem Konzept auseinandergesetzt hast. Außerdem kannst du so schon darüber nachdenken, wie du mit den Risiken am besten umgehen wirst. Vorgefertigte Businesspläne, die beispielsweise im Internet angeboten werden, solltest du nicht verwenden.

ERFOLGSFAKTOR 2: GUTE RECHERCHE

Informiere dich so genau wie möglich über den Kundenkreis, der für dein Angebot infrage kommt. Wenn möglich, führe Umfragen in deinem potenziellen Kundenkreis durch, um festzustellen, ob überhaupt eine Nachfrage besteht. Stelle fest, welche Konkurrenten du hast und wie deren Angebot aussieht. Recherchiere dazu im Internet, im Branchenbuch und/oder erkundige dich bei der zuständigen Kammer.

Zeige die bisherige Entwicklung und die Zukunftschancen deiner Branche. Die Daten dazu bekommst du z.B. von dem entsprechenden Berufs- bzw. Branchenverband oder der IHK.

Alle Zahlen, die du angibst, müssen belegbar und für den Leser nachvollziehbar sein. Gerade bei Marktdaten sind Quellenangaben wichtig: Halte dir immer vor Augen, dass potenzielle Leser deinen Businessplan bewerten sollen. Fiktive Zahlen, die aus dem Bauchgefühl entstanden sind, sind nicht hilfreich.

ERFOLGSFAKTOR 3: KLAR UND VERSTÄNDLICH

Auch ein Laie sollte deine Idee schnell verstehen können. Zum einen ist dafür eine einfache Sprache und Darstellung der Inhalte wichtig und zum anderen eine gute Gliederung. Am besten erstellst du ein Inhaltsverzeichnis und arbeitest im gesamten Dokument mit Seitenzahlen und Zwischenüberschriften.

ERFOLGSFAKTOR 4: ANSPRECHENDE PRÄSENTATION

Der erste Eindruck sollte stimmen: Eine Sammlung aus losen Blättern geht gar nicht, eine ansprechende Bindung oder eine Mappe ist ein Muss. Das äußere Erscheinungsbild sollte ordentlich, professionell, nicht übertrieben bunt oder grafisch verspielt sein. Wichtig ist auch, dass der Businessplan leicht lesbar ist, am besten in einer gut lesbaren Schrift (z.B. Arial oder Verdana) mit einer Schriftgröße von 10 bis 12 Punkt.
Auf dem Deckblatt darf es ruhig etwas bunter zugehen (aber bitte nicht übertreiben); im restlichen Dokument solltest du ein ansprechendes, gut gegliedertes Layout wählen und vielleicht ab und zu grafische Elemente wie Diagramme, Pfeile, Linien usw. einsetzen.

ERFOLGSFAKTOR 5: REALISTISCHE EINSCHÄTZUNGEN

Kalkuliere deine Lebenshaltungskosten: Miete, Haushalt, Versicherung, Kfz, Vorsorge usw. Diese Kosten müssen auf alle Fälle durch deine Einnahmen als Unternehmer gedeckt werden. Betrachte realistisch, wie viel Geld du verdienen wirst – gerade die ersten Jahre sind häufig nicht so ertragreich. Wie viel Kapital musst du aufbringen, um dein Unternehmen startklar zu machen? Denk dabei auch an Investitionen in Ausstattung, Geräte, Maschinen, Kaution, Pacht/Miete, Werbung usw.

ERFOLGSFAKTOR 6: KURZ UND KNACKIG

Bitte nicht mehr als 30 Seiten.

Auf den nächsten vier Seiten findest du Beispiele, die dir – auch optisch – als Anregung dienen sollen.

DECKBLATT

Auf das Deckblatt gehören dein Name, dein Firmenname, evtl. dein Logo (wenn schon vorhanden), alle Kontaktdaten, der Zweck des Businessplans und die Gründungsidee in wenigen Stichworten.

INHALTSVERZEICHNIS

Arbeite im gesamten Dokument mit Seitenzahlen und Zwischenüberschriften.

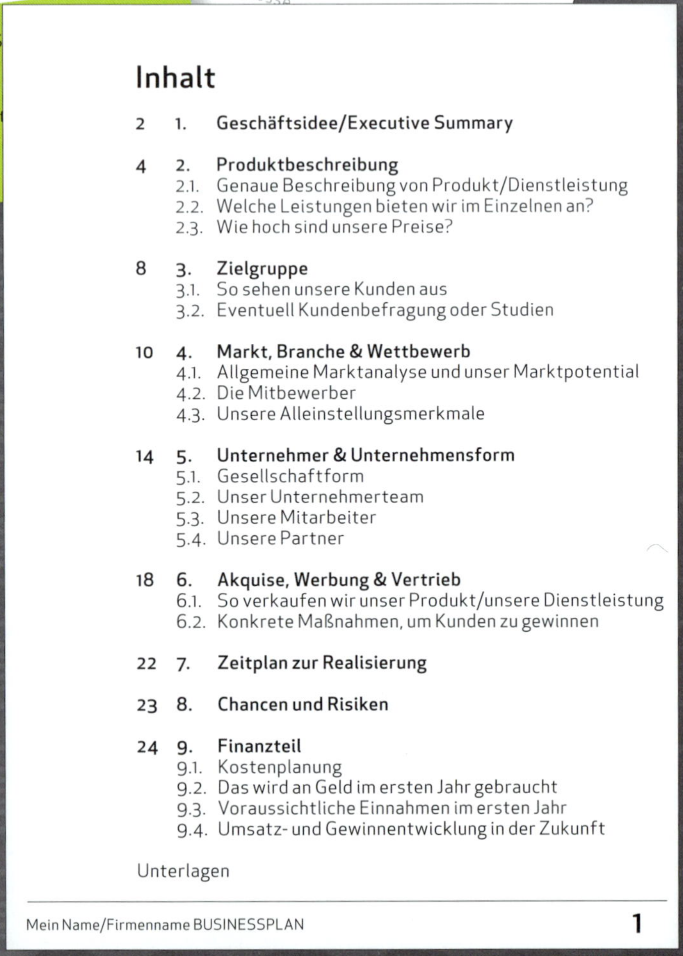

Inhalt

Mein Name/Firmenname BUSINESSPLAN 1

1. GESCHÄFTSIDEE/EXECUTIVE SUMMARY

Beschreibe die wesentlichen Punkte deiner Idee so, dass der Leser schnell einen Überblick bekommt. Die Zusammenfassung sollte innerhalb von fünf Minuten gelesen und verstanden werden können.

Hier ein paar Layoutbeispiele (bitte immer nur ein Layout für das ganze Dokument).

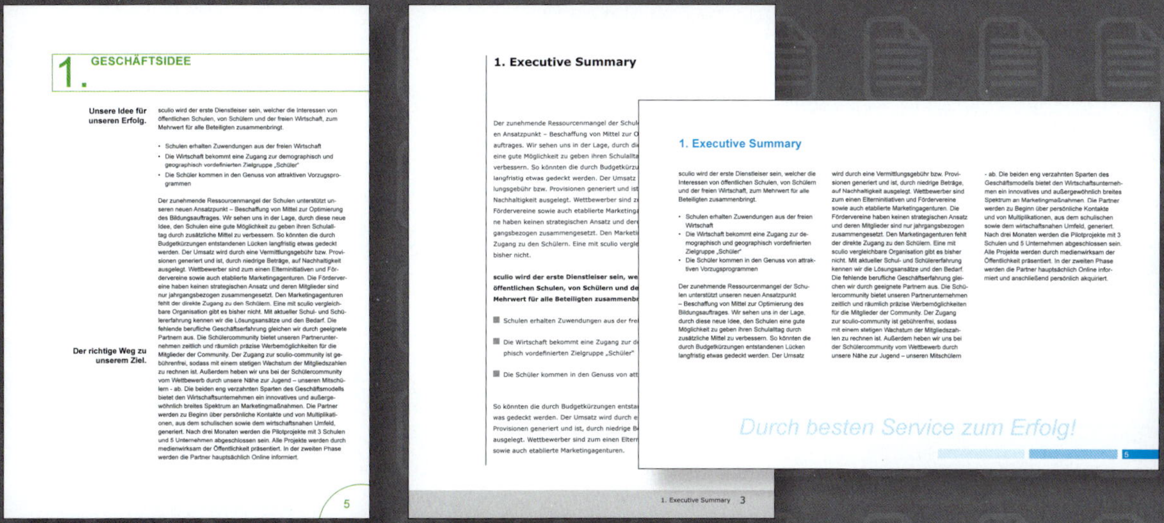

2. PRODUKTBESCHREIBUNG

Jetzt folgt die genaue Beschreibung deines Produkt bzw. deiner Dienstleistung. Welche Leistungen umfasst dein Angebot im Einzelnen? Wie hoch sind die Preise?

3. ZIELGRUPPE

So sehen deine Kunden aus. Diesen Teil kannst du mit Kundenbefragung oder Studien anreichern.

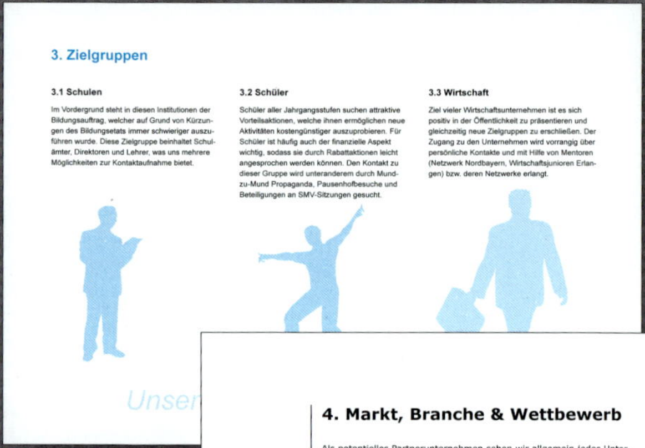

3. Zielgruppen

3.1 Schulen

Im Vordergrund steht in diesen Institutionen der Bildungsauftrag, welcher auf Grund von Kürzungen des Bildungsetats immer schwieriger auszuführen wurde. Diese Zielgruppe beinhaltet Schulämter, Direktoren und Lehrer, was uns mehrere Möglichkeiten zur Kontaktaufnahme bietet.

3.2 Schüler

Schüler aller Jahrgangsstufen suchen attraktive Vorteilsaktionen, welche ihnen ermöglichen neue Aktivitäten kostengünstiger auszuprobieren. Für Schüler ist häufig auch der finanzielle Aspekt wichtig, sodass sie durch Rabattaktionen leicht angesprochen werden können. Den Kontakt zu dieser Gruppe wird unteranderem durch Mund-zu-Mund Propaganda, Pausenhofbesuche und Beteiligungen an SMV-Sitzungen gesucht.

3.3 Wirtschaft

Ziel vieler Wirtschaftsunternehmen ist es sich positiv in der Öffentlichkeit zu präsentieren und gleichzeitig neue Zielgruppen zu erschließen. Der Zugang zu den Unternehmen wird vorrangig über persönliche Kontakte und mit Hilfe von Mentoren (Netzwerk Nordbayern, Wirtschaftsjunioren Erlangen) bzw. deren Netzwerke erlangt.

Unser

4. MARKT, BRANCHE & WETTBEWERB

Erstelle eine Marktanalyse und zeige dein Marktpotenzial: Wie sind die aktuellen Kennzahlen deiner Branche? Wie wird sich der Markt entwickeln? Hier kannst du auch deine Mitbewerber darstellen: Wen gibt es? Was sind deren Stärken und Schwächen? Was machst du besser als die Konkurrenz? Was sind deine Alleinstellungsmerkmale?

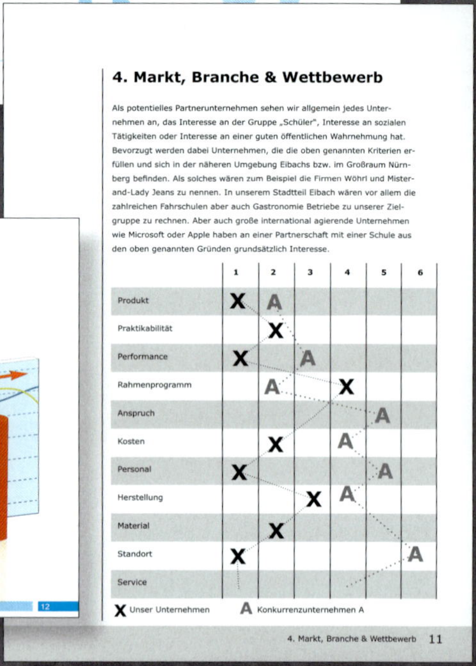

4. Markt, Branche & Wettbewerb

Als potentielles Partnerunternehmen sehen wir allgemein jedes Unternehmen an, das Interesse an der Gruppe „Schüler", Interesse an sozialen Tätigkeiten oder Interesse an einer guten öffentlichen Wahrnehmung hat. Bevorzugt werden dabei Unternehmen, die die oben genannten Kriterien erfüllen und sich in der näheren Umgebung Eibachs bzw. im Großraum Nürnberg befinden. Als solches wären zum Beispiel die Firmen Wöhrl und Mister-and-Lady Jeans zu nennen. In unserem Stadtteil Eibach wären vor allem die zahlreichen Fahrschulen aber auch Gastronomie Betriebe zu unserer Zielgruppe zu rechnen. Aber auch große international agierende Unternehmen wie Microsoft oder Apple haben an einer Partnerschaft mit einer Schule aus den oben genannten Gründen grundsätzlich Interesse.

	1	2	3	4	5	6
Produkt	X	A				
Praktikabilität		X				
Performance	X		A			
Rahmenprogramm		A		X		
Anspruch					A	
Kosten		X		A		
Personal	X				A	
Herstellung			X	A		
Material		X				
Standort	X					A
Service						

X Unser Unternehmen A Konkurrenzunternehmen A

4. Markt, Branche & Wettbewerb 11

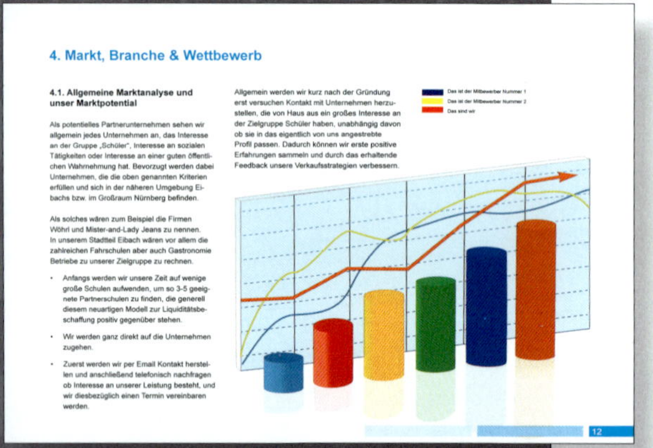

4. Markt, Branche & Wettbewerb

4.1. Allgemeine Marktanalyse und unser Marktpotential

Als potentielles Partnerunternehmen sehen wir allgemein jedes Unternehmen an, das Interesse an der Gruppe „Schüler", Interesse an sozialen Tätigkeiten oder Interesse an einer guten öffentlichen Wahrnehmung hat. Bevorzugt werden dabei Unternehmen, die die oben genannten Kriterien erfüllen und sich in der näheren Umgebung Eibachs bzw. im Großraum Nürnberg befinden.

Als solches wären zum Beispiel die Firmen Wöhrl und Mister-and-Lady Jeans zu nennen. In unserem Stadtteil Eibach wären vor allem die zahlreichen Fahrschulen aber auch Gastronomie Betriebe zu unserer Zielgruppe zu rechnen.

- Anfangs werden wir unsere Zeit auf wenige große Schulen aufwenden, um so 3-5 geeignete Partnerschulen zu finden, die generell diesem neuartigen Modell zur Liquiditätsbeschaffung positiv gegenüber stehen.
- Wir werden ganz direkt auf die Unternehmen zugehen.
- Zuerst werden wir per Email Kontakt herstellen und anschließend telefonisch nachfragen ob Interesse an unserer Leistung besteht, und wir diesbezüglich einen Termin vereinbaren werden.

Allgemein werden wir kurz nach der Gründung erst versuchen Kontakt mit Unternehmen herzustellen, die von Haus aus ein großes Interesse an der Zielgruppe Schüler haben, unabhängig davon ob sie in das eigentlich von uns angestrebte Profil passen. Dadurch können wir erste positive Erfahrungen sammeln und durch das erhaltende Feedback unsere Verkaufsstrategien verbessern.

12

5. UNTERNEHMER & UNTERNEHMENSFORM

Stelle die Gesellschaftsform dar, zeige die Organisationsstruktur und porträtiere das Unternehmerteam sowie eventuelle Mitarbeiter und Partner.

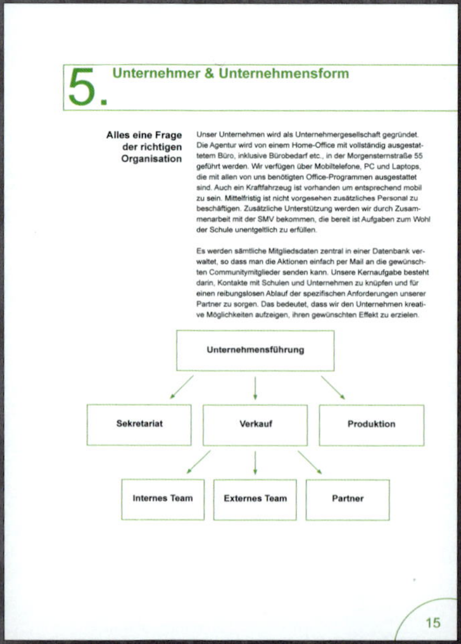

5. Unternehmer & Unternehmensform

Alles eine Frage der richtigen Organisation

Unser Unternehmen wird als Unternehmergesellschaft gegründet. Die Agentur wird von einem Home-Office mit vollständig ausgestattetem Büro, inklusive Bürobedarf etc., in der Morgensternstraße 55 geführt werden. Wir verfügen über Mobiltelefone, PC und Laptops, die mit allen von uns benötigten Office-Programmen ausgestattet sind. Auch ein Kraftfahrzeug ist vorhanden um entsprechend mobil zu sein. Mittelfristig ist nicht vorgesehen zusätzliches Personal zu beschäftigen. Zusätzliche Unterstützung werden wir durch Zusammenarbeit mit der SMV bekommen, die bereit ist Aufgaben zum Wohl der Schule unentgeltlich zu erfüllen.

Es werden sämtliche Mitgliedsdaten zentral in einer Datenbank verwaltet, so dass man die Aktionen einfach per Mail an die gewünschten Communitymitglieder senden kann. Unsere Kernaufgabe besteht darin, Kontakte mit Schulen und Unternehmen zu knüpfen und für einen reibungslosen Ablauf der spezifischen Anforderungen unserer Partner zu sorgen. Das bedeutet, dass wir den Unternehmen kreative Möglichkeiten aufzeigen, ihren gewünschten Effekt zu erzielen.

15

6. AKQUISE, WERBUNG & VERTRIEB

Beschreibe, wie du dein Produkt bzw. deine Dienstleistung verkaufen wirst. Zeige konkrete Maßnahmen, um Kunden zu gewinnen.

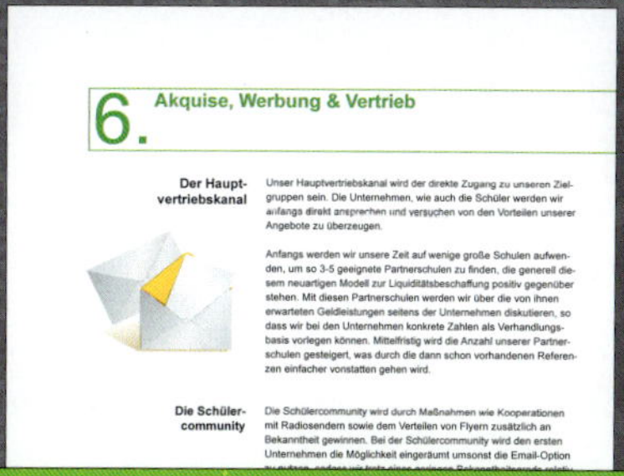

6. Akquise, Werbung & Vertrieb

Der Hauptvertriebskanal

Unser Hauptvertriebskanal wird der direkte Zugang zu unseren Zielgruppen sein. Die Unternehmen, wie auch die Schüler werden wir anfangs direkt ansprechen und versuchen von den Vorteilen unserer Angebote zu überzeugen.

Anfangs werden wir unsere Zeit auf wenige große Schulen aufwenden, um so 3-5 geeignete Partnerschulen zu finden, die generell diesem neuartigen Modell zur Liquiditätsbeschaffung positiv gegenüber stehen. Mit diesen Partnerschulen werden wir über die von ihnen erwarteten Geldleistungen seitens der Unternehmen diskutieren, so dass wir bei den Unternehmen konkrete Zahlen als Verhandlungsbasis vorlegen können. Mittelfristig wird die Anzahl unserer Partnerschulen gesteigert, was durch die dann schon vorhandenen Referenzen einfacher vonstatten gehen wird.

Die Schülercommunity

Die Schülercommunity wird durch Maßnahmen wie Kooperationen mit Radiosendern sowie dem Verteilen von Flyern zusätzlich an Bekanntheit gewinnen. Bei der Schülercommunity wird den ersten Unternehmen die Möglichkeit eingeräumt umsonst die Email-Option

7. ZEITPLAN ZUR REALISIERUNG

Ganz wichtig: Wann findet die Umsetzung statt? Zeige hier mit einem konkreten Zeitplan, wann du was erldigen möchtest.

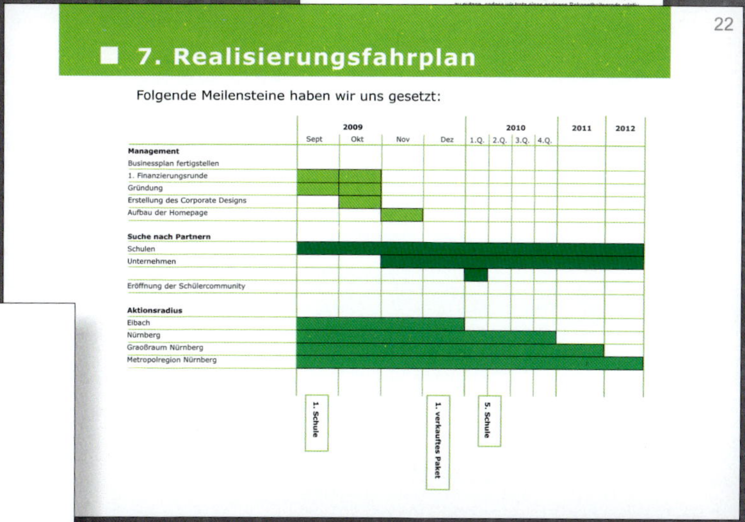

22

7. Realisierungsfahrplan

Folgende Meilensteine haben wir uns gesetzt:

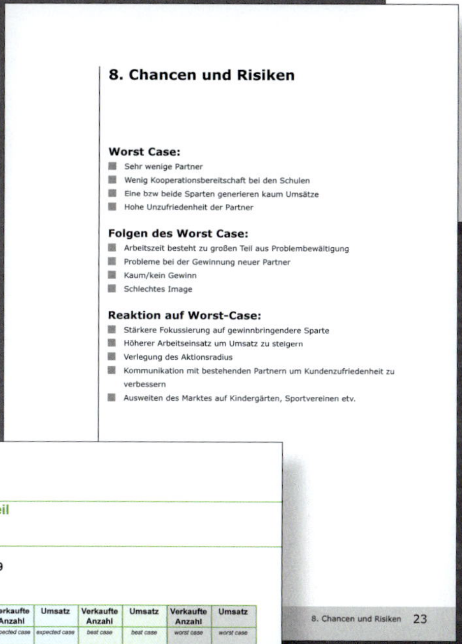

8. Chancen und Risiken

Worst Case:

- Sehr wenige Partner
- Wenig Kooperationsbereitschaft bei den Schulen
- Eine bzw beide Sparten generieren kaum Umsätze
- Hohe Unzufriedenheit der Partner

Folgen des Worst Case:

- Arbeitszeit besteht zu großen Teil aus Problembewältigung
- Probleme bei der Gewinnung neuer Partner
- Kaum/kein Gewinn
- Schlechtes Image

Reaktion auf Worst-Case:

- Stärkere Fokussierung auf gewinnbringendere Sparte
- Höherer Arbeitseinsatz um Umsatz zu steigern
- Verlegung des Aktionsradius
- Kommunikation mit bestehenden Partnern um Kundenzufriedenheit zu verbessern
- Ausweiten des Marktes auf Kindergärten, Sportvereinen etv.

8. Chancen und Risiken 23

8. CHANCEN UND RISIKEN

Weise kurz und knapp auf einer Seite auf mögliche Risiken hin. Zeige kurz und nachvollziehbar, wie du mit den Risiken umgehen wirst.

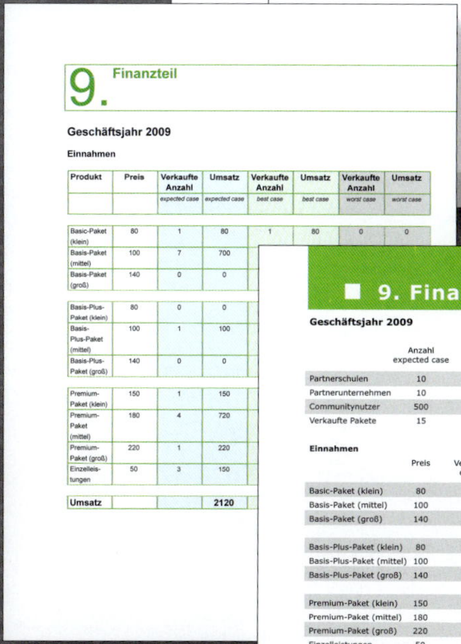

9. Finanzteil

Geschäftsjahr 2009

Einnahmen

Produkt	Preis	Verkaufte Anzahl *expected case*	Umsatz *expected case*	Verkaufte Anzahl *best case*	Umsatz *best case*	Verkaufte Anzahl *worst case*	Umsatz *worst case*
Basic-Paket (klein)	80	1	80	1	80	0	0
Basis-Paket (mittel)	100	7	700				
Basis-Paket (groß)	140	0	0				
Basis-Plus-Paket (klein)	80	0	0				
Basis-Plus-Paket (mittel)	100	1	100				
Basis-Plus-Paket (groß)	140	0	0				
Premium-Paket (klein)	150	1	150				
Premium-Paket (mittel)	180	4	720				
Premium-Paket (groß)	220	1	220				
Einzelleistungen	50	3	150				
Umsatz			**2120**				

9. FINANZTEIL

Jetzt kommt einer der wichtigsten Bausteine deines Businessplans: die Kostenplanung! Beschreibe, wie viel Geld du im ersten Jahr brauchen wirst, kalkuliere deine voraussichtlichen Einnahmen im ersten Jahr, deine Umsatz- und Gewinnentwicklung in der Zukunft, mache eine Liquiditätsplanung.

Zur Tabellengestaltung: Achte bei Hintergrundfarben auf die Lesbarkeit der Schrift!

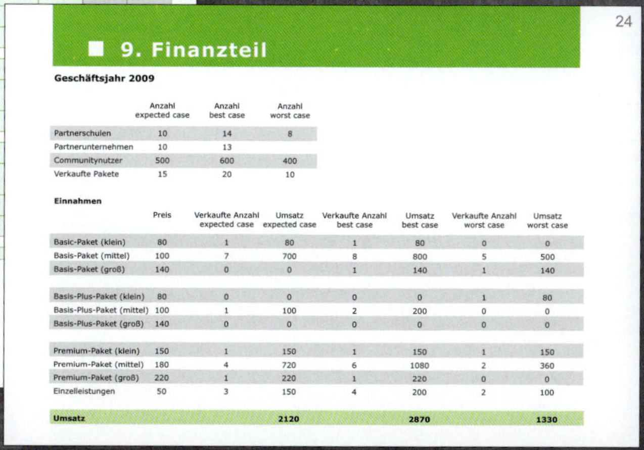

24

9. Finanzteil

Geschäftsjahr 2009

	Anzahl expected case	Anzahl best case	Anzahl worst case
Partnerschulen	10	14	8
Partnerunternehmen	10	13	
Communitynutzer	500	600	400
Verkaufte Pakete	15	20	10

Einnahmen

	Preis	Verkaufte Anzahl expected case	Umsatz expected case	Verkaufte Anzahl best case	Umsatz best case	Verkaufte Anzahl worst case	Umsatz worst case
Basic-Paket (klein)	80	1	80	1	80	0	0
Basis-Paket (mittel)	100	7	700	8	800	5	500
Basis-Paket (groß)	140	0	0	1	140	1	140
Basis-Plus-Paket (klein)	80	0	0	0	0	1	80
Basis-Plus-Paket (mittel)	100	1	100	2	200	0	0
Basis-Plus-Paket (groß)	140	0	0	0	0	0	0
Premium-Paket (klein)	150	1	150	1	150	1	150
Premium-Paket (mittel)	180	4	720	6	1080	2	360
Premium-Paket (groß)	220	1	220	1	220	0	0
Einzelleistungen	50	3	150	4	200	2	100
Umsatz			**2120**		**2870**		**1330**

CHECKLISTE

WAS GEHÖRT IN EINEN BUSINESSPLAN?

Quelle: Bundesministerium für Wirtschaft und Technologie, GründerZeiten, Informationen zur Existenzgründung und -sicherung, aktualisierte Ausgabe Juli 2008

Auf den nächsten Seiten findest du die komplette Auflistung vom Bundesministerium für Wirtschaft und Technologie. Wie du deine Inhalte dann sinnvoll gliederst, bleibt dir überlassen. Du solltest deinen fertigen Businessplan durchgehen und an jedem für dich relevanten Kästchen der folgenden Liste einen Haken machen können, dass diese Frage beantwortet wird.

1. Zusammenfassung/Executive Summary

- ☐ Name des zukünftigen Unternehmens?
- ☐ Name(n) des/der Gründer(s)?
- ☐ Was wird dein Unternehmen anbieten?
- ☐ Was ist das Besondere daran?
- ☐ Welche Erfahrungen und Kenntnisse qualifizieren dich für dieses Gründungsvorhaben?
- ☐ Welche Kunden kommen für dein Angebot infrage?
- ☐ Wie soll dein Angebot deine Kunden erreichen?
- ☐ Welchen Gesamtkapitalbedarf benötigst du für dein Vorhaben?
- ☐ Welches Umsatzvolumen erwartest du in den nächsten Jahren?
- ☐ Wie viele Mitarbeiter möchtest du nach drei Jahren beschäftigen?
- ☐ Welche Ziele hast du dir gesetzt?
- ☐ Wie wirst du diese Ziele erreichen?
- ☐ Welchen Risiken ist dein Vorhaben ausgesetzt?
- ☐ Wann willst du mit deinem Vorhaben starten?

2. Gründerperson(en)

- ☐ Welche Qualifikationen/Berufserfahrungen und ggf. Zulassungen hast du?
- ☐ Über welche Branchenkenntnisse verfügst du?
- ☐ Über welche kaufmännischen Kenntnisse verfügst du?
- ☐ Welche besonderen Stärken gibt es?
- ☐ Welche Defizite gibt es? Wie werden sie ausgeglichen?

3. Produkt/Dienstleistung

- ☐ Was ist der Zweck deines Vorhabens?
- ☐ Was ist das Besondere an deiner Geschäftsidee?

- ☐ Was ist dein kurz- und langfristiges Unternehmensziel?
- ☐ Welches Produkt/welche Leistung willst du herstellen bzw. verkaufen?
- ☐ Was ist das Besondere an deinem Angebot?
- ☐ Wann ist der Start der Produktion/Dienstleistung?
- ☐ Entwicklungsstand deines Produktes/deiner Leistung?
- ☐ Welche Voraussetzungen müssen bis zum Start noch erfüllt werden?
- ☐ Wann kann das Produkt vermarktet werden?
- ☐ Welche gesetzlichen Formalitäten (z. B. Zulassungen, Genehmigun gen) sind zu erledigen?

Für entwicklungsintensive Vorhaben:

- ☐ Welche Entwicklungsschritte sind für dein Produkt noch notwendig?
- ☐ Wann kann eine Null-Serie aufgelegt werden?
- ☐ Wer führt das Testverfahren durch?
- ☐ Wann ist das eventuelle Patentierungsverfahren abgeschlossen?
- ☐ Welche technischen Zulassungen sind notwendig?
- ☐ Welche Patent- oder Gebrauchsmusterschutzrechte besitzt du bzw. hast du beantragt?
- ☐ Wie könnten sich die technologischen Möglichkeiten im Idealfall entwickeln?

4. Branche/Markt

Kunden:

- ☐ Wer sind deine Kunden?
- ☐ Wo sind deine Kunden?
- ☐ Wie setzen sich die einzelnen Kundensegmente zusammen (z. B. Alter, Geschlecht, Einkommen, Beruf, Einkaufsverhalten, Privat- oder Geschäftskunden)?
- ☐ Hast du bereits Referenzkunden? Wenn ja, welche?
- ☐ Welches kurz- und langfristige Umsatzpotenzial ist damit verbunden?
- ☐ Bist du von wenigen Großkunden abhängig?
- ☐ Welche Bedürfnisse/Probleme haben deine Kunden?

Konkurrenz:

- ☐ Gibt es andere Entwicklungen in »deiner« Richtung?
- ☐ Wer sind deine Konkurrenten?
- ☐ Was kosten deine Produkte bei der Konkurrenz?
- ☐ Welches sind die größten Stärken und Schwächen deiner Konkurrenten?
- ☐ Welche Schwächen hat dein Unternehmen gegenüber deinem wichtigsten Konkurrenten?
- ☐ Wie könntest du diesen Schwächen begegnen?

Standort:

- ☐ Wo bietest du dein Angebot an?
- ☐ Warum hast du dich für diesen Standort entschieden?
- ☐ Welche Nachteile hat der Standort?
- ☐ Wie könnest du diese Nachteile ausgleichen?
- ☐ Wie wird sich der Standort zukünftig entwickeln?

5. Marketing/Vertrieb

Angebot:

- ☐ Welchen Nutzen hat dein Angebot für potenzielle Kunden?
- ☐ Was ist besser gegenüber dem Angebot der Konkurrenz?

Preis:

- ☐ Welche Preisstrategie verfolgst du und warum?
- ☐ Zu welchem Preis willst du dein Produkt/deine Leistung anbieten?
- ☐ Welche Kalkulation liegt diesem Preis zugrunde?

Vertrieb:

- ☐ Welche Absatzgrößen steuerst du in welchen Zeiträumen an?
- ☐ Welche Zielgebiete steuerst du an?
- ☐ Welche Vertriebspartner wirst du nutzen?
- ☐ Welche Kosten entstehen durch den Vertrieb?

Werbung:

- ☐ Wie erfahren deine Kunden von deinem Produkt/deiner Dienstleistung?
- ☐ Welche Werbemaßnahmen planst du wann?

6. Organisation/Mitarbeiter

Organisation:

- ☐ Welche betriebliche Organisationsform hast du gewählt?
- ☐ Wer ist für was zuständig?
- ☐ Wie kannst du ein sorgfältiges Controlling sicherstellen?

Mitarbeiter:

- ☐ Wann bzw. in welchen zeitlichen Abständen willst du wie viele Mitarbeiter einstellen?
- ☐ Welche Qualifikationen sollten deine Mitarbeiter haben?
- ☐ Welche Schulungsmaßnahmen siehst du für deine Mitarbeiter vor?

7. Rechtsform

- ☐ Für welche Rechtsform hast du dich entschieden und aus welchen Gründen?
- ☐ Welche Gesellschafterstruktur planst du und wie verteilst du die Gesellschaftsanteile?
- ☐ Berücksichtigt die Rechtsform die Interessen der Gesellschafter?

8. Chancen/Risiken

- ☐ Welches sind die drei größten Chancen, die die weitere Entwicklung deines Unternehmens positiv beeinflussen könnten?
- ☐ Welches sind die drei wichtigsten Probleme, die eine positive Entwicklung deines Unternehmens behindern könnten?

9. Kapitalbedarf

Wie hoch ist der Gesamtkapitalbedarf:

- ☐ für Anschaffungen und Vorlaufkosten für deinen Unternehmens start und
- ☐ für eine Liquiditätsreserve während der Anlaufphase (sechs Monate nach Gründung; bei innovativen Science-Unternehmen ca. zwei Jahre)?
- ☐ Liegen dir Kostenvoranschläge vor, um deine Investitionsplanung zu belegen?

10. Finanzplan

Finanzierung von Investitionen:

- ☐ Wie hoch ist dein Eigenkapitalanteil?
- ☐ Welche Sicherheiten könntest du einsetzen?
- ☐ Wie hoch ist dein Fremdkapitalbedarf?
- ☐ Welche Förderprogramme könnten für dich infrage kommen?
- ☐ Welche Beteiligungskapitalgeber könnten für dich infrage kommen?
- ☐ Könntest du bestimmte Objekte leasen? Zu welchen Konditionen?

Liquiditätsplan:

- ☐ Wie hoch schätzt du die monatlichen (verteilt auf drei Jahre) Einzahlungen aus Forderungen u.a.?
- ☐ Wie hoch schätzt du die monatlichen Kosten (Material, Personal, Miete u.a.)?
- ☐ Wie hoch schätzt du die Investitionskosten, verteilt auf die ersten zwölf Monate?
- ☐ Wie hoch schätzt du den monatlichen Kapitaldienst (Tilgung und Zinszahlung)?
- ☐ Mit welcher monatlichen Liquiditätsreserve kannst du rechnen?

Ertragsvorschau/Rentabilitätsrechnung:

- ☐ Wie hoch schätzt du den Umsatz für die nächsten drei Jahre?
- ☐ Wie hoch schätzt du die Kosten für die nächsten drei Jahre?
- ☐ Wie hoch schätzt du den Gewinn für die nächsten drei Jahre?

(Nutze für deine Schätzungen Vergleichszahlen deiner Branche. Frage deine Kammer.)

11. Unterlagen

- ☐ Tabellarischer Lebenslauf
- ☐ Gesellschaftervertrag (Entwurf)
- ☐ Pachtvertrag (Entwurf)
- ☐ Kooperationsverträge (Entwurf)
- ☐ Leasingvertrag (Entwurf)
- ☐ Marktanalysen
- ☐ Branchenkennzahlen
- ☐ Gutachten
- ☐ Schutzrechte
- ☐ Übersicht der Sicherheiten

DOWNLOAD DER CHECKLISTE UND EINER BUSINESSPLAN-SOFTWARE UNTER WWW.ERFOLGSLABOR.COM

INTERVIEW BUSINESS-PLAN

MIT DEN GEWINNERN DES SCHÜLER-BUSINESSPLAN-WETTBEWERBS DER WIRTSCHAFTSJUNIOREN ERLANGEN

MATTHIAS, OLIVER, MICHAEL, WIE FÜHLT ES SICH AN, EIN UNTERNEHMEN ZU GRÜNDEN?

SCULIO UG (HAFTUNGEBESCHRÄNKT)

SCULIO IST DAS ERSTE UNTERNEHMEN, WELCHES DIE INTERESSEN VON SCHULEN, VON SCHÜLERN UND DER FREIEN WIRTSCHAFT ZUM MEHRWERT FÜR ALLE BETEILIGTEN ZUSAMMENBRINGT: SCHULEN ERHALTEN ZUWENDUNGEN AUS DER FREIEN WIRTSCHAFT, SCHÜLER KOMMEN IN DEN GENUSS VON ATTRAKTIVEN VORZUGSPROGRAMMEN, DIE WIRTSCHAFT BEKOMMT EINEN ZUGANG ZUR DEMOGRAPHISCH UND GEOGRAPHISCH VORDEFINIERTEN ZIELGRUPPE »SCHÜLER« UND ZEIGT DURCH DIE PARTNERSCHAFT MIT SCHULEN SOZIALES ENGAGEMENT.

GRÜNDUNGSJAHR: 2009

INHABER/GESCHÄFTSFÜHRER: MATTHIAS GROO, OLIVER LEINBERGER, MICHAEL AMMON

WWW.SCULIO.DE

GRÜNDERPREISE:
SCHÜLER-BUSINESSPLANWETTBEWERB DER WIRTSCHAFTSJUNIOREN ERLANGEN

Die drei Schüler gründeten Sculio als Unternehmergesellschaft (haftungsbeschränkt). Schon nach kurzer Zeit gab es die ersten Verträge mit Schulen und Sponsoren. Alle drei wollen das Abitur machen und dann weiter weisungsungebunden als Unternehmer arbeiten.

Von links: Michael Ammon, Matthias Groo, Oliver Leinberger

Die Idee, Sponsoren für Schulen zu suchen, kam uns ziemlich zufällig. Ein Lehrer wollte gerne mit unserem Kurs nach Amerika fliegen, doch der Direktor hielt das für eine zu große finanzielle Belastung für die Eltern. Der Direktor meinte jedoch, wir könnten uns ein paar Sponsoren für die Reise suchen. So begannen wir – immer noch in der Hoffnung, die Amerikareise zu retten – über Sponsorenbeschaffung für Schulen nachzudenken. Wir sprachen mit einigen Lehrern, Verwandten und Bekannten und das Feedback aus diesen Gesprächen bestätigte uns in der Vermutung, dass man sogar ein wirtschaftlich rentables Unternehmen gründen könnte, das sich mit der Suche von Sponsoren für Schulen beschäftigt.

Glücklicherweise entdeckten wir in der Zeit auch eine Ausschreibung der Wirtschaftjunioren Erlangen, die einen Businessplanwettbewerb für Schüler veranstalteten. Also machten wir uns daran, einen Businessplan

für diesen Wettbewerb zu schreiben. In einem Brainstorming kam uns dann die Idee, zusätzlich noch eine Community zu gründen, um den Unternehmen nicht nur den Zugang zu Schulen, sondern auch zu Schülern bieten zu können.
Erst war es nur eine vage Idee, wirklich ein Unternehmen zu gründen. Doch schon bei den ersten Gesprächen über unsere Idee entwickelte sich eine Eigendynamik und wir kamen schnell Schritt für Schritt voran. Natürlich wurde unsere Idee im privaten Umfeld eher skeptisch aufgenommen, aber nachdem wir das durchgezogen haben und inzwischen erfolgreich am Markt agieren, hat sich die Skepsis in Unterstützung gewandelt. Hilfe haben wir auch von den Wirtschaftsjunioren Erlangen und dem Netzwerk Nordbayern erfahren. Jetzt haben wir das Gefühl, dass wir wirklich mal was geschafft haben.
Jetzt sind wir ziemlich stolz, weil wir es tatsächlich geschafft haben, neben Schülern auch Unternehmer zu sein. Die bisher realisierten Projekte waren die ultimative Bestätigung, dass es sich gelohnt hat, all die Zeit in diese Idee und den Businessplan zu investieren. Erstaunlich für uns war, wie unkompliziert und kostengünstig das Gründungsverfahren an sich letztendlich ablief. Ein kurzer Termin beim Notar und das war es. Innerhalb von wenigen Wochen realisiert man dann, dass man auf einmal wirklich Geschäftsführer des eigenen Unternehmens ist. Man kann seine Zukunft also wirklich selbst in die Hand nehmen!.

Highlights waren bisher sicherlich der Moment der notariellen Beurkundung und die Prämierung unseres Businessplanes beim 50-jährigen Jubiläum der WJ Erlangen, durch den bayerischen Innenminister Herrn Hermann. Sehr beeindruckend fanden wir auch die Möglichkeit, interessante Menschen kennenzulernen. In kürzester Zeit konnten wir ein Netzwerk von Vertretern der Politik und Wirtschaft aufbauen. Allgemein war es einfach sehr interessant, sich mal in so einem Kreis von Menschen, mit denen man als »normaler« 18-Jähriger eher weniger zu tun hat, aufzuhalten und mit ihnen zu reden.
Finanziell läuft es im Moment gut. Die ersten Einnahmen konnten erzielt werden, die »Startkosten« sind alle bezahlt und wir haben immer noch genügend in der Kasse, um unsere Ideen zu verwirklichen.

FINA

ZIERUNG

DEIN FINANZIERUNGSPLAN

Ausreichend Startkapital und eine stabile Finanzierung sind existenziell wichtig, um dein Unternehmen aufzubauen. Wie willst du sonst deine laufenden Kosten bezahlen, Zahlungsausfälle überbrücken und Investitionen tätigen? Plane dir genug Geld ein, damit du nicht immer mit dem Rücken zur Wand stehst, sondern den Kopf frei hast, dich auf deinen Erfolg zu konzentrieren. Am besten planst du genau, wie die ersten drei Jahre aussehen sollen. Denn in der Regel brauchst du 36 Monate, bis dein Geschäft solide läuft. Wenn klar ist, wie viel Geld du brauchen wirst, muss geklärt werden, wo es herkommen soll. Du kannst dein Erspartes nehmen, alles Überflüssige zu Geld machen, deine Familie um Unterstützung bitten, Fördergelder beantragen oder auf externe Gelder zurückgreifen. Manche Gründer halten sich auch mit einem Teilzeitjob über Wasser – der Unternehmenserfolg kann so zwar länger dauern, dafür ist das Einkommen sicher.

Wenn du deinen Finanzbedarf ermittelt hast (z.B. im Rahmen deines Businessplans) solltest du überprüfen, ob dir mindestens 20 Prozent davon als Eigenkapital zur Verfügung stehen – ansonsten wird es schwierig mit Krediten. Wenn du einen guten Businessplan und genug Eigenkapital hast und weißt, wo die Reise hingehen soll, wirst du auch die nötige Unterstützung bekommen – lass dich auf dem Weg dahin nicht entmutigen.

DEINE PARTNER ZUR FINANZIERUNG

Für Existenzgründer gibt es **STAATLICHE FÖRDERPROGRAMME**, die teilweise regional beschränkt sind und für bestimmte Branchen gelten. Eine Auflistung der Programme findest du unter *www.foerderdatenbank.de*. Besonders gute Chancen hast du, wenn du in einer strukturschwächeren Gegend angesiedelt bist, in einer als aussichtsreich befundenen Branche gründest oder Arbeitsplätze sichern oder schaffen möchtest.

Die **KFW MITTELSTANDSBANKEN** geben wichtige Kredite für Existenzgründer, beispielsweise KfW Startgeld, Unternehmerkapital, Unternehmerkredit und ERP-Startfonds. Aktuelle Infos findest du unter *www.kfw-mittelstandsbank.de*.

An einem Gespräch mit deiner **HAUSBANK** führt kein Weg vorbei. Deine Hausbank beantragt in der Regel auch die öffentlichen Förderkredite.
Für dein Bankgespräch solltest du deinen Businessplan (inkl. Finanzplan) schon fertig haben. Selbst wenn du kein Geld aufnehmen möchtest, wirst du dort über Fördergelder beraten und kannst über einen höheren Kreditrahmen sprechen, wenn du wirklich schnell einmal Geld brauchen solltest.

Es gibt einige Programme, bei denen in erster Linie die **BERATUNG GEFÖRDERT** wird. Viele Anfängerfehler können so vermieden werden, und der Erfolg stellt sich mit größerer Sicherheit ein. Diese Angebote solltest du unbedingt nutzen (z.B. von der Bundesagentur für Arbeit oder das Gründercoaching von der KfW, schau auch mal unter *www.existenzgruender.de*, Rubrik »Beratung und Adressen«). Der Nachweis einer Existenzgründungsberatung ist auch ein positives Signal in einem Bankgespräch. Das zeigt, dass du dich informiert hast und dich auskennst.

Natürlich kannst du auch einen **PRIVATKREDIT** aufnehmen. Oder vielleicht findest du einen **PRIVATEN INVESTOR** in deiner Familie und unter deinen Freunden – die Vorteile liegen auf der Hand: Du bekommst einen flexibleren und günstigeren Kredit als bei jeder Bank. In jedem Fall solltest du die Rahmenbedingungen schriftlich festhalten.

Bei **BETEILIGUNGSGESELLSCHAFTEN** und **VENTURE KAPITAL** bekommen Investoren einen Anteil an deinem Unternehmen. Auch hier gibt es einen Internettipp: die Seite des Bundesverbands Deutscher Kapitalbeteiligungsgesellschaften *www.bvkap.de*.

Eine weitere Möglichkeit, dein Unternehmen zu finanzieren, sind sogenannte **BUSINESS-ANGELS.** Das sind private Geldgeber, die innovativen Gründern Kapital zur Verfügung stellen. Ein Business-Angel unterstützt dich in der Regel nicht nur mit finanziellen Mitteln, sondern auch mit Know-how und Kontakten. Meist handelt es sich um erfahrene Unternehmer oder leitende Angestellte, die aufgrund ihrer langen Berufstätigkeit über mehr Management-Erfahrung und Kontakte verfügen, als die Gründer der betreuten Unternehmen selbst. Business-Angels werden mit ihren Beteiligungen meistens kurz nach oder sogar schon während der Gründung aktiv.

Einen Business-Angel lernst du über entsprechende Netzwerke kennen, häufig organisieren diese Netzwerke Geschäftsplan-Wettbewerbe und Seminare. Wesentliche Voraussetzungen für die Beteiligung eines Business-Angels an deinem Unternehmen sind die lokale Nähe und ein gegenseitiges solides Vertrauensverhältnis. Kontakte findest du auch unter *www.erfolgslabor.com*.

Die Investitionen von Business-Angels sind sehr riskant und erfordern daher eine hohe Rendite. Trotz des hohen Zinssatzes ist das Business-Angel-Kapital für junge Gründer attraktiv, da kostengünstigere Kapitalquellen – wie z.B. die Finanzierung durch traditionelle Bankkredite – für die jungen Unternehmen in der Gründungsphase oft nicht zugänglich sind.

GELDGEBER ÜBERZEUGEN

Dein Geldgeber ist dein Partner. Stelle offen und ehrlich alle wichtigen Infos zur Verfügung , um ein Vertrauensverhältnis aufzubauen. Ihr wollt nämlich das Gleiche: Geld miteinander verdienen.

Lass dich von mehreren Banken beraten (organisiere das erste Gespräch zum Üben am besten bei einer Bank, die nicht zu deinen Favoriten zählt). Es gibt große Unterschiede bei Konditionen und Angeboten – also bitte vergleichen, auch wenn du schon ewig bei deiner Bank bist.

Sei motiviert und gut vorbereitet. Sage klar und deutlich, was du von der Bank erwartest. Tipps für eine gute und sorgfältige Vorbereitung auf das Bankgespräch findest du auf den folgenden Seiten. So bekommst du auch die notwendige Sicherheit für ein selbstbewusstes Auftreten – eine wichtige Voraussetzung für deinen Erfolg!

CHECKLISTE
BANKGESPRÄCH

SO MACHST DU DEN TERMIN BEI DER BANK AUS

- ☐ Ermittele den richtigen Gesprächspartner bei der Bank, der ein Spezialist für Unternehmensbetreuung sein sollte. Er sollte sich auch mit den Fördermöglichkeiten bei Existenzgründung auskennen.
- ☐ Lege fest, wer an dem Gespräch teilnehmen wird (also du natürlich, dann vielleicht noch Lebens- oder Geschäftspartner, dann dein Berater, wenn du einen hast)
- ☐ Lege auch die Gesprächsinhalte kurz fest.
- ☐ Informiere dich gleich über die Unterlagen, die die Bank erwartet und welche vorab geschickt werden sollen.
- ☐ Lege den Termin so, dass du stressfrei hinkommst.

SO BEREITEST DU DICH VOR

- ☐ Alle von der Bank gewünschten Unterlagen – wie Businessplan inklusive Finanzplan, Lebenslauf, Zeugnisse, Belege über Eigenkapital, Liste der Sicherheiten, Nachweis einer Existenzgründungsberatung – solltest du rechtzeitig vorbereiten.
- ☐ Auf Wunsch schickst du die Unterlagen vorab an die Bank, damit sich dein Ansprechpartner vorbereiten kann.
- ☐ Lässt du dich begleiten, kläre vorher die Aufgabenverteilung während des Gesprächs. Dabei solltest du auf jeden Fall der wichtigste Ansprechpartner der Bank sein.
- ☐ Übe zu Hause die Präsentation deines Businessplans.
- ☐ Informiere dich vorher über die Förderprogramme, die für dich infrage kommen.
- ☐ Überlege dir die Kritik, die die Bank haben könnte, und lege dir Lösungsansätze zurecht.

TIPPS FÜR DAS GESPRÄCH

- [ ] Das Erscheinungsbild von dir und deinen Begleitern sollte den Erwartungen der Banker entsprechen. Zieh dir etwas an, in dem du dich wohl fühlst und authentisch bist – was du auch zum wichtigen Kundentermin anziehen würdest.
- [ ] Erscheine unbedingt pünktlich.
- [ ] Trete sicher und zuversichtlich auf. Du bist kein Bittsteller, sondern ein gleichberechtigter Partner, du bist Kunde der Bank oder sollst es werden.
- [ ] Vertrete deine Geschäftsidee offensiv und überzeugend. Die Bank muss erkennen, dass du hundertprozentig hinter deinem Vorhaben stehst.
- [ ] Lege die Rentabilität deines Unternehmes dar (mit Businessplan).
- [ ] Wirft die Bank Fragen auf oder sieht sie bestimmte Probleme, dann sucht gemeinsam nach Lösungsansätzen.
- [ ] Offene Punkte und Aufgaben sollten exakt definiert und festgehalten werden. Es müssen realistische Termine für die Erledigung vereinbart werden.
- [ ] Abschließend legt ihr fest, wie es weitergehen soll. Folgetermine sollten möglichst sofort vereinbart werden. Ansprechpartner werden definiert.

SO BEREITEST DU DAS GESPRÄCH NACH

- [ ] Damit du dich auch später noch an das Gespräch erinnern kannst, mache ein schriftliches Protokoll, besonders mit getroffenen Abmachungen und Vereinbarungen.
- [ ] Halte alle vereinbarten Aufgaben und Termine ein.
- [ ] Hat die Bank eine interne Entscheidung verprochen, kannst du nach einigen Tagen ruhig telefonisch nachfragen.
- [ ] Gibt es schon ein Angebot? Dann vergleiche es sorgfältig mit Angeboten von anderen Banken (Gesamtkonditionen, Zinssatz, Laufzeit, Auszahlungstermin, Kündbarkeit, Nebenkosten usw.).

DOWNLOAD DER CHECKLISTE UNTER WWW.ERFOLGSLABOR.COM

UNTERSTÜTZUNG VOM STAAT

Wenn du dich aus der Arbeitslosigkeit heraus selbstständig machen möchtest (und noch einen Restanspruch von drei Monaten auf das Arbeitslosengeld hast), kannst du den **GRÜNDUNGSZUSCHUSS** vom Staat bekommen. Du erhälst über mehrere Monate eine monatliche Zahlung, die du nicht zurückbezahlen musst. Hier solltest du dich auf jeden Fall früh genug informieren. Für den Antrag brauchst du einen Businessplan.

Informiere dich direkt bei der örtlichen Bundesagentur für Arbeit. Wichtige Infos findest du auch unter *www.arbeitsagentur.de* (Rubrik Bürgerinnen & Bürger, Finanzielle Hilfen, Existenzgründung).

FRAGEBOGEN FINANZIERUNGSBEDARF

FÜR EINE ERSTE GROBE ÜBERSICHT EIN PAAR WICHTIGE KOSTENPUNKTE:

	BETRAG IN €
GRÜNDUNGSKOSTEN:	
Beratungen und Schulungen	€
Anmeldung	€
Eintrag ins Handelregister, Notar	€
Maklergebühr, Kaution	€
Erste Waren- und Materialausstattung	€
Sonstiges (z.B. Rechtsanwalt, Steuerberater)	€
LANGFRISTIGE INVESTITIONEN:	
Computer (Hard- und Software) & Drucker	€
Anlagen, Maschinen, Geräte	€
Geschäfts- und Ladeneinrichtung	€
Fahrzeuge	€
Sonstiges (z.B. Nutzung von Patenten, Gebäude, Umbaumaßnahmen)	€
LAUFENDE FIXKOSTEN IM MONAT:	
FÜR DICH	
Miete	€
Essen	€
Kleidung	€
Auto	€
Sonstiges	€
Versicherungen (siehe S. 84)	€
Renten-	€
Kranken-	€
Berufsunfähigkeits-	€
Sonstige Versicherungen	€
FÜR DEIN UNTERNEHMEN	
Werbung	€
Miete	€
Personalkosten	€
Telefon, Internet, Handy	€
Bürobedarf	€
Einkauf von Waren	€
Rücklagen für Steuern, Unvorhersehbares	€
Sonstiges	€

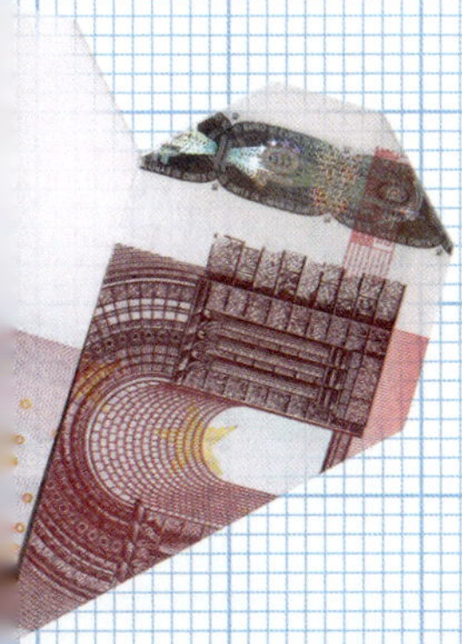

ÜBERSICHT DEINER EIGENMITTEL:	
Barvermögen	€
Sacheinlagen	€
Verwandtendarlehen	€
Sonstiges	€
EINNAHMEN:	
Geplante monatliche Einnahmen	€
Sonstige Einnahmen	€
KREDITVERPFLICHTUNGEN:	
Rückzahlung Bankkredite (ab wann)	€
Rückzahlung Privatkredite (ab wann)	€
Rückzahlung sonstiger Kredite (ab wann)	€

DON'TS

FÜR DEINE FINANZIERUNG

Hier sind klassische Fehler, die du bei deiner Finanzierung vermeiden solltest:

- Mit zu wenig Eigenkapital starten.
- Kontokorrentkredit (Dispo) ständig überziehen.
- Zu wenig Geld aufnehmen, so dass der Kreditrahmen ständig überzogen ist.
- Konditionen und Leistungen verschiedener Banken und Sparkassen nicht umfassend vergleichen.
- Unvorbereitetes Gespräch mit den Geldgebern.
- Öffentliche Finanzierungshilfen zu spät beantragen oder deren Potenzial nicht voll ausschöpfen.
- Finanzplan zu grob und zu knapp kalkulieren.
- Zu früh mit der Tilgung anfangen. Wenn du beispielsweise schon nach sechs Monaten mit der Tilgung des Bankkredits anfangen sollst, wirst du wahrscheinlich noch keine schwarzen Zahlen schreiben.
- Zu hohe Fixkostenbelastung.
- Nicht eingeplante Investitionen tätigen, die das Finanzbudget überschreiten.

LOS GEHT'S GRÜNDEN!

WICHTIGE SCHRITTE AUF DEM RICHTIGEN WEG

DIE IDEE IST DA, DER BUSINESSPLAN STEHT, DAS FINANZIELLE IST GEREGELT – SEHR GUT!

Am liebsten würdest du gleich loslegen. Aber Geduld, ein paar Formalitäten müssen vorab noch erledigt und Entscheidungen getroffen werden.

ALLEIN ODER MIT PARTNER(N)?

Auch eine wichtige Frage! Grundsätzlich gilt: die Chemie zwischen den Partnern muss stimmen! Die Vorteile einer Gründung mit Partner liegen auf der Hand: Stärken und Schwächen können sich ergänzen, du musst dich nicht alleine ums Geld kümmern, das Risiko und die Verantwortung sind auf mehreren Schultern verteilt. Die Nachteile sind auch schnell klar: Uneinigkeiten gibt es immer, und du kannst nicht mehr ganz alleine entscheiden. Wichtig bei Partnern ist ein Gesellschaftervertrag, in dem eure Zusammenarbeit genau geregelt ist, z.B.: Wer ist für was zuständig?, Wer bekommt wie viel Geld?, Was passiert, wenn einer aufhören möchte? Ihr solltet in jedem Fall einen Gesellschaftervertrag vereinbaren, um spätere Konflikte oder gar Rechtsstreitigkeiten zu vermeiden. Empfehlenswert ist die Beratung durch einen Rechtsanwalt.

BESONDERHEITEN: HANDWERK UND FREIBERUFLICHE TÄTIGKEIT

Informiere dich im Vorfeld im Gründerseminar und bei deinem Finanzamt, wie dein Beruf einzuordnen ist. Für Freiberufler und Handwerker gibt es besondere Regeln.

Welcher Beruf zu den **Freiberuflern** gehört, ist im Katalog beim Finanzamt gelistet. Allgemein sind das häufig Berufe, in denen man wissenschaftlich, künstlerisch oder unterrichtend tätig ist (z.B. Ärzte, Anwälte oder Steuerberater). Freiberufler brauchen keinen Gewerbeschein, keinen Eintrag ins Handelsregister, keine doppelte Buchführung, keine Bilanz und keine Mitgliedschaft in der Industrie- und Handelskammer. Pflicht ist häufig die Mitgliedschaft in den zuständigen Kammern oder Berufsgenossenschaften. Die Künstlersozialkasse kann für Künstler und im Medienbereich Tätige Pflicht sein.

Bei einer Existenzgründung im Bereich **Handwerk** musst du die Zulassungsvoraussetzungen für das jeweilige Handwerk erfüllen. Informiere dich hier bei der Handwerkskammer deiner Region.

FÜR EINEN GUTEN START: EXISTENZGRÜNDUNGSSEMINARE, GRÜNDUNGSBERATUNG & CO.

An vielen Stellen im Buch raten wir dir zu einem Gründerseminar bzw. einer qualifizierten Beratung. Hier sind sind die wichtigsten Anlaufstellen:

EXISTENZGRÜNDUNGSPORTAL DES BUNDESMINISTERIUMS FÜR WIRTSCHAFT UND TECHNOLOGIE (BMWI)

Das Existenzgründungsportal *www.existenzgruenderinnen.de* bzw. *www.existenzgruender.de* versteht sich als bundesweite und zentrale Anlaufstelle für Gründerinnen und Gründer sowie junge Unternehmen. Dort gibt es neben Textbeiträgen, interaktiven Checklisten, Expertenforen usw. auch eine Gründerwerkstatt und eine Adressen- sowie Seminardatenbank. Super Seite – unbedingt anschauen!

INDUSTRIE- UND HANDELSKAMMERN (IHKs)

In Deutschland gibt es etwa 80 IHKs an verschiedenen Standorten. Insgesamt sind ca. 3,6 Millionen gewerbliche Unternehmen gesetzliche Mitglieder der IHKs. Sie bieten einen breiten Service – nicht nur für Unternehmensgründer. Mehr Infos unter *www.ihk.de* und der jeweiligen Seite der IHK in deiner Nähe.

WIRTSCHAFTSJUNIOREN

Die Wirtschaftsjunioren gehören zur IHK und haben viele Stellen in ganz Deutschland. Hier kannst du interessante Kontakte knüpfen. Weitere Infos unter *www.wjd.de.*
Die Wirtschaftjunioren Bayern sind Teil der Wirtschaftjunioren Deutschland (WJD), die mit mehr als 10.000 aktiven Mitgliedern aus allen Bereichen der Wirtschaft den größten deutschen Verband von Unternehmern und Führungskräften unter 40 Jahren bilden.

CHECKLISTE

GRÜNDEN: BEI WEM MUSST DU DICH MELDEN?

☐ GEWERBEAMT

Zunächst musst du wissen, ob du eine freiberufliche oder gewerbliche Tätigkeit ausüben wirst. Im Zweifelsfall entscheidet dein zuständiges Finanzamt darüber, ob es sich um eine freiberufliche Tätigkeit handelt oder nicht.

Gewerbliche Gründer müssen ihr Vorhaben beim Gewerbeamt der Gemeinde bzw. Stadt, in der der Betrieb eröffnet wird, anmelden. Die Bearbeitung einer Gewerbeanmeldung dauert in der Regel nur wenige Tage. Das Gewerbeamt informiert automatisch folgende Behörden, bei denen du auch angemeldet sein musst: Finanzamt, zuständige Berufsgenossenschaft, Industrie- und Handelskammer (IHK) oder Handwerkskammer (HWK), Amtsgericht (Handelsregister), das Gewerbeaufsichtsamt (zuständig für den Arbeits- und Gesundheitsschutz ihrer Angestellten und Kunden; überprüft z.B. Öfen, Getränkeausschank).
Nimm am besten deinen Businessplan zum Gewerbeamt mit, da du dort auch möglichst genaue Angaben zur Art des Gewerbes machen musst. Die Frage der Rechtsform solltest du auch vorab mit deinem Existenzgründungs- und Steuerberater klären (siehe S. 80).

Freiberufler melden kein Gewerbe an, sondern wenden sich direkt an ihr Finanzamt.

FINANZAMT

Als **gewerblicher Gründer** erhälst du den »Fragebogen zur steuerlichen Erfassung« automatisch nach der Gewerbeanmeldung von deinem Finanzamt. Als **freiberuflicher Gründer** musst du dem Finanzamt innerhalb von einem Monat schriftlich mitteilen, dass du freiberuflich arbeitest. Du bekommst dann vom Finanzamt den Fragenbogen zugeschickt.

Tipps zum Ausfüllen des »Fragebogens zur steuerlichen Erfassung«:

- ☐ **Angaben zu deinen künftigen Umsätzen und Gewinnen:** Versuche, deine Umsatz- und Gewinnerwartungen möglichst realistisch einzuschätzen. Schätzt du zu viel, musst du viel Einkommenssteuer vorauszahlen, schätzt du zu wenig, musst du mit hohen Nachzahlungen rechnen. Mach dich aber nicht verrückt: Du kannst dem Finanzamt später immer noch gravierende Änderungen im Einkommen mitteilen.
- ☐ **Gründungszuschuss:** Existenzgründerinnen und -gründer, die den Gründungszuschuss beziehen, müssen dem Finanzamt zusammen mit dem »Fragebogen zur steuerlichen Erfassung« auch ihren Businessplan vorlegen.
- ☐ **Für freiberufliche Gründer:** Bitte »Einnahmen-Überschuss-Rechnung« ankreuzen – es sei denn, du legst Wert auf die kompliziertere, doppelte Buchführung mit Jahresbilanz.
- ☐ Bei **Dauerfristverlängerung** »Ja« angeben.
- ☐ Bei **Regelbesteuerung** am besten »nach vereinnahmten Entgelten« ankreuzen.
- ☐ **Kleinunternehmerregelung:** Als Kleinunternehmer darfst du gelten, wenn dein Gesamtumsatz zuzüglich der darauf entfallenden Umsatzsteuer im vorangegangenen Kalenderjahr nicht höher als 17.500 Euro war und im laufenden Kalenderjahr 50.000 Euro voraussichtlich nicht übersteigen wird. Als Kleinunternehmer brauchst du keine Umsatzsteuer abzuführen (auch in deinen Rechnungen KEINE Umsatzsteuer ausweisen). Aber du darfst keine Vorsteuer geltend machen. Wenn du also größere Investitionen in der Gründungsphase planst, solltest du mit deinem Steuerberater überlegen, ob es nicht günstiger ist, auf die Kleinunternehmerregelung zu verzichten.

Nach der Bearbeitung deines »Fragebogens zur steuerlichen Erfassung« teilt dir das Finanzamt deine Steuernummer mit (gehört auf jede Rechnung, siehe S. 78)

AGENTUR FÜR ARBEIT

Gründungszuschuss und Einstiegsgeld: Für beides musst du dich an deine Arbeitsagentur wenden.

Personal: Wenn du als Gewerbetreibender oder Freiberufler sozialversicherungspflichtige Mitarbeiterinnen und Mitarbeiter, 400-Euro-Kräfte oder Auszubildende beschäftigst, benötigst du eine Betriebsnummer. Beantragt wird die achtstellige Nummer beim Betriebsnummern-Service der Bundesagentur für Arbeit.

GENEHMIGUNGEN

Für einige Gewerbe brauchst du besondere Genehmigungen bzw. Nachweise, z.B. bei Handwerk, Industrie, Einzelhandel, Gaststätten und Hotels, Bewachungsgewerbe, Verkehrsgewerbe, Reisegewerbe. Erkundige dich frühzeitig bei deiner IHK oder HWK, ob und welche Genehmigungen und Erlaubnisse du für dein Vorhaben benötigst.

HANDELS-REGISTER

Das Handelsregister ist ein Verzeichnis, in dem alle Kaufleute mit ihren Unternehmensdaten aufgeführt sind. Es kann von allen Interessierten im Internet eingesehen werden. Geführt wird es von den Amtsgerichten (Registergerichte). Die Anmeldung beim Handelsregister übernimmt ein Notar. Welche Rechtsformen eingetragen werden, siehst du in der Übersicht auf S. 76.

BERUFSGENOSSENSCHAFTEN

Die Berufsgenossenschaften sind die Träger der gesetzlichen Unfallversicherung und für alle Betriebe, Einrichtungen und Freiberufler zuständig, soweit sich nicht eine Zuständigkeit der landwirtschaftlichen Berufsgenossenschaften oder der Unfallversicherungsträger der öffentlichen Hand ergibt. Wer ein Unternehmen eröffnet, sollte sich mit der zuständigen Berufsgenossenschaft in Verbindung setzen und klären, ob Versicherungspflicht besteht.

INDUSTRIE- UND HANDELSKAMMER (IHK)

Alle deutschen Unternehmen im Inland (mit Ausnahme des Handwerks, der Freien Berufe, mancher Klein- und Kleinstunternehmen und der landwirtschaftlichen Betriebe) sind Mitglied in einer der 80 Industrie- und Handelskammern (IHK). Die IHKs sind Körperschaften des öffentlichen Rechts, die die Interessen ihrer Mitglieder vertreten und sich um die Förderung der Wirtschaft ihres Bezirks kümmern. Die Mitgliedsbeiträge orientieren sich an der Art, an Umfang und Leistungskraft des Gewerbebetriebes.

SOZIAL-VERSICHERUNG

Angestellte Mitarbeiterinnen und Mitarbeiter müssen bei der gesetzlichen Renten-, Kranken-, Pflege- und Arbeitslosenversicherung versichert werden. Die Krankenkassen ziehen die Sozialversicherungsbeiträge ein. Setze dich daher mit der Krankenkasse deine Mitarbeiters in Verbindung und melde ihn dort an.

HANDWERKS-KAMMER (HWK)

Gründerinnen und Gründer, die sich in einem Handwerk oder handwerksähnlichen Gewerbe selbstständig machen, müssen sich bei der Handwerkskammer eintragen lassen.

RECHTSGRUNDLAGEN

RECHTSFORM

Die Wahl der Rechtsform ist eine wichtige Entscheidung und hat rechtliche, finanzielle und steuerliche Auswirkungen. Je nach Rechtsform brauchst du einen Gewerbeschein und musst Gewerbesteuer zahlen, eine doppelte Buchführung machen (lassen) oder nur eine einfache Gewinn- und Verlustrechnung. Je nach Rechtsform ist auch der Papierkrieg am Anfang mehr oder weniger umfangreich. Teilweise kannst du eine Rechtsform frei wählen, aber je nach Beruf ist deine Wahlmöglichkeit beschränkt. Eine Übersicht findest du auf S. 76.

WIE SIND DIE BEZEICHNUNGEN FÜR DICH UND DEIN UNTERNEHMEN?

Ob du einen Fantasienamen für dein Unternehmen haben darfst und welche Namen und Zusätze du dabei im Unternehmensnamen mitführen musst, siehst du auf S. 76.

»Geschäftsführer« kannst du dich nur als Inhaber einer GmbH, Ltd. oder GbR nennen. Fast alle – außer den Freelancern – sind »Inhaber«. Freelancer werden von Firmen projektweise engagiert, arbeiten auch dort und da dann auch mehr oder weniger weisungsgebunden. Eine »Firma« haben nur Gewerbetreibende. Ein »Unternehmen« haben auch Freiberufler.

NEU: DIE »MINI GMBH«
(= »UNTERNEHMERGESELLSCHAFT«, »UG«, »EIN-EURO-GMBH«)

Mit der Mini GmbH existiert seit dem 01. 11. 2008 eine auf kleine und mittlere Unternehmensgründungen abgestimmte Version der bisherigen GmbH. Mit einem Mindestkapital von einem Euro kannst du eine »haftungsbeschränkte Unternehmergesellschaft« (UG) gründen. Die Besonderheit ist, dass aus 25 Prozent des Jahresgewinns Rücklagen gebildet werden müssen, bis ein Eigenkapitalanteil von 25.000 Euro vorhanden ist – also die Voraussetzungen für die klassische GmbH erfüllt sind. Dann kannst du deine UG auch in eine GmbH umwandeln. Bei der UG darf es maximal drei Gesellschafter geben. Diese Unternehmensform ist gerade für junge Gründer sehr interessant, da man eben nicht so viel Startkapital braucht und es insgesamt weniger Formalitäten gibt als bei der GmbH.

ÜBERSICHT RECHTSFORMEN

	EINZEL-UNTERNEHMEN	GESELLSCHAFT BÜRGERLICHEN RECHTS	PARTNERSCHAFTS-GESELLSCHAFT (NUR FÜR FREIBERUFLER)	OFFENE HANDELS-GESELLSCHAFT	KOMMANDI GESELLSCHA
Abkürzung	keine	GbR	PartG	OHG	KG
Personen- oder Kapitalgesellschaft	keine	Personengesellschaft	Personengesellschaft	Personengesellschaft	Personengesells
Anzahl der Gründer	genau 1	mindestens 2	mindestens 2	mindestens 2	mindestens
Mindestkapital bei Gründung	keines	keines	keines	keines	keines
Haftung der Beteiligten	unbegrenzt	unbegrenzt	unbegrenzt für eigene Fehler, begrenzt für Fehler der Partner	unbegrenzt	unbegrenzt für plementäre, beg für Kommanditi
Geschäftsführung	Unternehmer	alle Gesellschafter	alle Partner	alle Gesellschafter	Komplementä
Eintrag ins Handelsregister	nein, wenn unterhalb bestimmter Größen	nein	Partnerschafts-register	ja	ja
Formalitäten	wenig	kaum	kaum	wenig	wenig
Vertrag/ Formvorschriften	/	schriftlicher Gesellschafter-vertrag nicht vorgeschrieben, aber empfehlenswert	schriftlicher Gesellschafter-vertrag vorgeschrieben	schriftlicher Gesellschafter-vertrag nicht vorgeschrieben, aber empfehlenswert	schriftlicher Gesellschafte vertrag nicht vorgeschrieben, empfehlensw
Image	gut	gut	gut	gut	gut
Unternehmensname	Vor- und Zuname des Unternehmers	Vor- und Zuname der Gesellschafter + Rechtsform	Vor- und Zuname der Partner + Rechtsform	Fantasiename + Rechtsform	Fantasienam + Rechtsfor

SELLSCHAFT ESCHRÄNKTER HAFTUNG	UNTERNEHMER-GESELLSCHAFT (HAFTUNGSBESCHRÄNKT)	LIMITED	AKTIEN-GESELLSCHAFT	EINGETRAGENE GENOSSENSCHAFT
GmbH	UG (haftingsbeschränkt)	Ltd.	AG	e.G.
talgesellschaft	Kapitalgesellschaft	Kapitalgesellschaft	Kapitalgesellschaft	Kapitalgesellschaft (Körperschaft)
der mehrere	1 oder mehrere	1 oder mehrere	mindestens 2	mindestens 3
mkapital mind. € (Mindesteinzahlung ündung 12.500 €)	ab 1 € (25 % des Jahresgewinns müssen, bis 25.000 € da sind, zurückgelegt werden)	ab 1 £	Grundkapital mind. 50.000 € (Mindesteinzahlung bei Gründung 12.500 €)	keines
begrenzt	begrenzt	begrenzt	begrenzt	begrenzt
schäftsführer	Geschäftsführer	Director	Vorstand	Vorstand
ja	ja	englisches Gesellschaftsregister	ja	Eintrag ins Genossenschaftsregister
viele	viele	komplex	komplex	komplex
schriftlicher lschaftervertrag chrieben, Mindeste sind gesetzlich gelt, notarielle ndung notwendig	schriftlicher Gesellschaftervertrag vorgeschrieben, Mindestinhalte sind gesetzlich geregelt, notarielle Beurkundung notwendig	schriftlicher Gesellschaftervertrag nach englischen Vorschriften vorgeschrieben, zwingende Ernennung eines Directors und Secretary	schriftlicher Gesellschaftervertrag vorgeschrieben, Mindestinhalte sind gesetzlich geregelt, notarielle Beurkundung notwendig	schriftlicher Genossenschaftsvertrag vorgeschrieben, Mindestinhalte sind gesetzlich geregelt, Beurkundung notwendig
akzeptiert	noch neu	schlecht	akzeptiert	gut
ntasiename Rechtsform	Fantasiename + Rechtsform + »haftungsbeschränkt«	Fantasiename + Rechtsform	Fantasiename + Rechtsform	Fantasiename + Rechtsform

WAS MUSS AUF DIE RECHNUNG?

EINE RECHNUNG IST EIN DOKUMENT UND EINIGE RICHTLINIEN MÜSSEN ERFÜLLT WERDEN.

DAS IST FÜR DICH WICHTIG, WENN DU RECHNUNGEN STELLST UND AUCH WENN DU WELCHE BEKOMMST.

Fehlende Pflichtangaben führen dazu, dass der Rechnungsempfänger die im Rechnungsbetrag enthaltene Umsatzsteuer nicht als Vorsteuer geltend machen darf. Also bitte alle eingehenden Rechnungen überprüfen (lassen), ob folgende Bestandteile enthalten sind:

1. Name und Anschrift des Rechnungsstellers
2. Die Steuernummer oder die Umsatzsteuer-Identifikationsnummer des Rechnungsstellers
3. Name und Anschrift des Rechnungsempfängers
4. Ausstellungsdatum (= Rechnungsdatum)
5. Eine einmalig vergebene, fortlaufende Rechnungsnummer
6. Termin der Lieferung oder Leistung
7. Menge und Bezeichnung der gelieferten Produkte bzw. Art und Umfang der Dienstleistung
8. Gültiger Mehrwertsteuersatz (7 oder 19 Prozent) oder ein Hinweis auf Mehrwertsteuerbefreiung
9. Gesamtsumme (netto plus Mwst.)

Praktisch:

10. Zahlweise (z.B. Skonto oder ein anderer Rabatt) und Zahlungsziel
11. Kontonummer, auf die überwiesen werden soll

---

(1) Firmenbezeichnung
Rechnungssteller
Musterstraße 128
83549 Musterstadt
Telefon: 020/ 12 34 56 89
(2) USt-Id-Nr.: DE 123456789

(3)
Rechnungsempfänger GmbH
Herr Mustermann
Musterstraße 20

80798 Musterstadt

(4) Musterstadt, 12. August 2010

Rechnung Nr.: 302-2010 (5)

Hallo Herr Mustermann,

vielen Dank für den Auftrag und die tolle Zusammenarbeit.

(6) Datum	Menge	(7) Leistung	Einzelpreis	Gesamtpreis
20. 07. 2010	8 Std.	Was genau wurde gemacht?	85,00 EUR	680,00 EUR
22. 07. 2010	6 Std.	Was genau wurde gemacht?	85,00 EUR	510,00 EUR
		Rechnungsbetrag (netto)		1.190,00 EUR
	(8)	19 % Mwst.		226,10 EUR
	(9)	**Rechnungsbetrag (brutto)**		**1.416,10 EUR**

Bitte überweisen Sie den Rechnungsbetrag ohne Abzüge (10) bis zum 1. September 2010 auf folgendes Konto:
Kontonummer 123 456 789, Musterbank, BLZ 111 222 33 (11)

»RECHNUNG«

Eine ausdrückliche Kennzeichnung mit dem Wort »Rechnung« ist nicht erforderlich. Du musst als Rechnungssteller die Rechnung auch nicht unterschreiben. Unverzichtbar ist allerdings die ausdrückliche Angabe des Liefer- oder Leistungstermins – selbst dann, wenn er mit dem Rechnungsdatum übereinstimmt.

UMSATZSTEUER-IDENTIFIKATIONSNUMMER

Die Umsatzsteuer-Identnummer ersetzt die (persönliche) Steuernummer. Eine USt-Id-Nr. kann jeder umsatzsteuerpflichtige Selbstständige und Unternehmer beim Bundeszentralamt für Steuern beantragen: online unter *www.bzst.bund.de* oder schriftlich. Dafür sind anzugeben: dein Name und deine Anschrift, das Finanzamt, das für deine Umsatzbesteuerung zuständig ist, und deine Steuernummer. Den formlosen Antrag schickst du an das Bundeszentralamt für Steuern, Dienstsitz Saarlouis, 66738 Saarlouis.

RECHNUNGEN PER E-MAIL

Die Papierform ist nicht zwingend. Mit Einverständnis des Empfängers darf eine Rechnung auch elektronisch verschickt werden (z. B. als PDF-Dokument im E-Mail-Anhang). Der Vorsteuerabzug aus solchen Rechnungen wird jedoch nur dann anerkannt, wenn die Echtheit der Herkunft und die Unversehrtheit des Inhalts durch eine qualifizierte digitale Signatur gewährleistet ist.

Die Signatur der digitalen Rechnung muss geprüft werden z. B. unter *www.regfish.de/sigverify* oder *www.die-elektronische-signatur.de* Untermenü Signaturprüfung.

LASS DICH BERATEN!

Eine wichtige Info gleich am Anfang: Einer der häufigsten Gründe für das Scheitern eines Unternehmens in der Anfangszeit ist mangelde Buchführung!!!! Also bitte, lass dich beraten – in den meisten Fällen ist ein Steuerberater sinnvoll. Er ist Fachmann für steuerliche und betriebswirtschaftliche Fragen. Du solltest dich trotzdem mit deinen Zahlen auskennen, aber ein Steuerberater ist eben Profi und spart dir wichtige Zeit. Versuche, die Erläuterungen und Argumente deines Steuerberaters zu verstehen, frage nach und arbeite dich soweit wie möglich in die Materie ein. Du kannst als Unternehmer nicht blind deinem Berater vertrauen.

Um den geeigneten Steuerberater zu finden, solltest du auf Mundpropaganda und Branchenkenntnisse setzen. So ist es für dich als Multimediagründer von Vorteil, wenn dein Steuerberater bereits mit Unternehmen im Multimediabereich zusammengearbeitet hat und über gute Kenntnisse im Online-Recht verfügt. Wenn du eine Bar eröffnen möchtest, sollte dein Steuerberater sich im Gastronomiebereich gut auskennen. Gut ist es , wenn du Honorare vorab vereinbarst, damit du weißt, was an Kosten auf dich zukommt und was dafür geleistet wird. Du kannst mit deinem Steuerberater auch Fragen besprechen, die nicht direkt mit steuerlichen Aspekten zu tun haben (z.B. Buchführung, Berichtspflicht gegenüber Behörden usw.).

KLEINE STEUERKUNDE

UMSATZ UND GEWINN: Umsatz ist das, was du einnimmst, Gewinn ist das, was nach Abzug aller Geschäftskosten davon übrig bleibt.
Freiberufler und kleine Gewerbetreibende ermitteln ihren Gewinn nach der Einnahmen-/Überschussrechnung: Betriebliche Einnahmen minus betrieblicher Ausgaben ergeben deinen Gewinn (oder Verlust). Alle anderen müssen eine doppelte Buchführung und eine Jahresbilanz vorlegen.

AUFBEWAHRUNGSPFLICHT: Die ganzen Belege für deine Steuer musst du zehn Jahre aufbewahren. Es kann immer passieren, dass du eine Steuerprüfung bekommst und das Finanzamt dann Belege aus weit in der Vergangenheit liegenden Jahren sehen möchte.

GESCHÄFTSKONTO: Wenn du bilanzieren musst, dann brauchst du eins, ansonsten nicht (auch wenn das manche Banken gerne behaupten). Wegen der Transparenz ist ein getrenntes Konto dennoch empfehlenswert.

EINKOMMENS- UND KIRCHENSTEUER, SOLIDARITÄTSZUSCHLAG: Das Finanzamt berechnet anhand deiner Angaben aus dem »Fragebogen zur steuerlichen Erfassung« zum voraussichtlichen Gewinn die Vorauszahlungen für Einkommens-, Kirchensteuer und Solidaritätszuschlag und nennt dir die Fälligkeitstermine. Die Vorauszahlungen kannst du auf Antrag beim Finanzamt deiner tatsächlichen Gewinnentwicklung anpassen lassen.

GEWERBESTEUER: Die Gewerbesteuer zahlst du als Gewerbebetrieb an deine Gemeinde (dabei kann die Höhe je nach Gemeinde variieren). Für Freiberufler besteht keine Gewerbesteuerpflicht. Die Gewerbesteuer wird bei natürlichen Personen und Personengesellschaften nicht erhoben, wenn der Gewerbe-Ertrag unter 24.500 Euro pro Jahr liegt. Für Kapitalgesellschaften gilt dieser Freibetrag nicht.

KÖRPERSCHAFTSSTEUER: Zu den Körperschaften, die als juristische Person der Körperschaftssteuer unterliegen, zählen alle Kapitalgesellschaften wie die GmbH und Aktiengesellschaft, nicht aber Einzelunternehmen und Personengesellschaften.

UMSATZSTEUER: Das Finanzamt teilt dir nach der Anmeldung deines Unternehmens auch mit, in welchem Turnus du deine Umsatzsteuervoranmeldung abgeben musst (monatlich, alle drei Monate oder jährlich). Die Finanzverwaltung stellt hierfür die kostenlose Software ELSTER zur Verfügung *(www.elster.de)*.
Die Voranmeldung muss grundsätzlich elektronisch an das Finanzamt übermittelt werden. Papiergebundene Anmeldungen sind nur noch ausnahmsweise möglich.

Der »allgemeine« Steuersatz beträgt derzeit 19 Prozent. Der seltenere »ermäßigte« Steuertarif von zurzeit 7 Prozent darf bei ausgewählten Waren und Leistungen genommen werden: Neben den meisten Lebensmitteln gilt der Sondertarif zum Beispiel für Bücher und Zeitschriften oder die Verwertung von Urheberrechten.

Du zahlst die Umsatzsteuer, die du auf deinen Rechnungen ausweist, abzüglich der Vorsteuer (Vorsteuer = die Umsatzsteuer, die auf den Rechnungen ausgewiesen ist, die du bekommst). Hast du mehr Vorsteuer bezahlt als Umsatzsteuer eingenommen (z. B. wegen schlechter Auftragslage oder teuren Anschaffungen) bekommst du diesen Betrag vom Finanzamt erstattet.
Beispiel: Du hast mit deinen Rechnungen im Mai einen Umsatz von brutto 5.712 Euro gemacht. Du hast deinen Kunden 19 Prozent Umsatzsteuer berechnet, also 912 Euro. Deine Lieferanten haben dir ebenfalls mit 19 Prozent versteuerte Rechnungen in Höhe von 3.094 Euro (also mit 494 Euro Umsatzsteuer) gestellt. Du musst also in diesem Monat noch 418 Euro Umsatzsteuer an das Finanzamt überweisen.

LOHNSTEUER: Lohnsteuer zahlst du nur, wenn du Angestellte hast. Als Arbeitgeber bist du verpflichtet, die auf das monatliche Gehalt bzw. den monatlichen Lohn zu entrichtende Lohnsteuer deiner Beschäftigten einzubehalten und pünktlich an das Finanzamt abzuführen.

CHECKLISTE STEUERN

- [ ] Lege dir auf jeden Fall einen ausreichend hohen Betrag für deine Steuerzahlungen auf die Seite.
- [ ] Setze Vorlauf- und Gründungskosten als Betriebsausgaben ab (Belege sammeln oder Eigenbeleg ausstellen) – auch ohne erzielte Einnahmen.
- [ ] Nutze und kombiniere Abschreibungsformen richtig. Informiere dich dazu bei deinem Steuerberater.
- [ ] Nimm Vorsteuererstattungen in Anspruch: Wenn du also in der ersten Zeit mehr ausgibst, als du einnimmst, bzw. mehr Umsatzsteuer an deine Lieferanten bezahlst (Vorsteuer), als du deinen Kunden berechnest, dann versuche, monatlich deine Umsatzsteuererklärung zu machen, damit du liquide bleibst.
- [ ] Schätze zukünftige Umsätze und Gewinne dem Finanzamt gegenüber eher vorsichtig, um die Vorauszahlungen für Solidaritätszuschlag, Einkommens- und Kirchensteuer möglichst niedrig zu halten.
- [ ] Verteile Verluste steueroptimal durch Vor- und Rücktrag. Auch hier sprichst du am besten mit deinem Steuerberater.

ÜBERSICHT VERSICHERUNGEN

Sowohl privat als auch geschäftlich musst du abwägen, welche Versicherungen für dich wichtig sind. Zu viele Versicherungen kosten unnötig Geld, zu wenig können deinen finanziellen Ruin bedeuten. Überleg dir je nach Schadenswahrscheinlichkeit und der Höhe des dann eintretenden Schadens, welche Risiken versichert sein müssen und welche du selbst tragen kannst. Ein einfacher Tipp: Große Risiken versichern und kleine Risiken lieber selbst tragen. Informiere dich bei den einzelnen Gesellschaften über die Konditionen oder nimm die Dienste eines Versicherungsmaklers in Anspruch.

KRANKENVERSICHERUNG: Egal ob gesetzlich oder privat – eine Krankenversicherung solltest du unbedingt haben.

RENTENVERSICHERUNG: In die gesetzliche Rentenversicherung müssen nur bestimmte Unternehmer einzahlen, z.B. wenn du als Künstler in der Künstlersozialkasse versichert bist. Zusätzlich zur bzw. anstelle der gesetzlichen Rentenversicherung solltest du eine private Rentenversicherung abschließen. Je eher du dich um deine Altersvorsorge kümmerst, desto besser.

PFLEGEZUSATZVERSICHERUNG: Diese Versicherung ist für sehr junge Menschen noch nicht so wichtig, gewinnt aber mit zunehmenden Alter an Bedeutung.

(RISIKO-) LEBENSVERSICHERUNG: Ist vor allem sinnvoll, wenn du Kinder hast – eben immer dann, wenn Angehörige im Fall des eigenen Todes finanziell abgesichert sein müssen. Die Kapitallebensversicherung ist gleichzeitig auch Altersvorsorge.

BERUFSUNFÄHIGKEITSVERSICHERUNG: Diese Versicherung ist für Gründer wichtig. Wenn ein junger Unternehmer seinen Beruf aus gesundheitlichen Gründen nicht mehr ausüben kann, droht ihm ohne vernünftige Absicherung der finanzielle Ruin. Denn die Unterstützung, die der Staat in solchen Fällen leistet, ist minimal. Die Kosten einer solchen Versicherung werden nach Alter, Geschlecht und Beruf berechnet.

Abhängig von der Branche gibt es noch weitere Spezialversicherungen, die notwendig sein können. So benötigt ein Finanzdienstleister unbedingt eine Vermögensschadensversicherung, wogegen ein Internet-Dienstleister eher an die Versicherung seiner Server denken sollte.

ARBEITSLOSENVERSICHERUNG: Existenzgründer haben unter bestimmten Voraussetzungen die Möglichkeit, bei der Bundesagentur für Arbeit eine freiwillige Weiterversicherung abzuschließen.

HAFTPFLICHTVERSICHERUNG: Die private Haftpflichversicherung ist ein Muss, die Betriebshaftpflichtversicherung ist in vielen Fällen auch sinnvoll. Sie kommt für Schäden auf, die im eigenen Unternehmen oder bei der Ausübung des Berufs entstehen.

UNFALLVERSICHERUNG: Die berufliche erfolgt häufig über die Kammern oder Berufsgenossenschaften – bitte checken! Die private ist auch sinnvoll, zumal sich in der Freizeit und im Hausbereich die meisten Unfälle ereignen.

BETRIEBSINHALTSVERSICHERUNG: Damit werden beispielsweise Büromöbel, PCs und anderes Interieur versichert. Lohnt sich bei teurer Ausstattung.

BETRIEBSUNTERBRECHUNGSVERSICHERUNG: Falls durch Sachschäden der Betriebsablauf im Unternehmen unterbrochen werden muss, kommt die Betriebsunterbrechungsversicherung für den Verdienstausfall und die entstandenen Kosten auf.

FAHRZEUGVERSICHERUNG: KfZ-Haftpflicht muss jeder haben, Voll- und Teilkaskoversicherungen sind für dein privat oder geschäftlich genutztes Auto je nach Wert und Alter des Fahrzeugs sinnvoll.

KUND
GEWI

87

EN
NNEN

INTERVIEW KUNDENGEWINNUNG

MIT DEM MEHRFACH AUSGEZEICHNETEN BUSINESS-EXPERTEN HERMANN SCHERER

FIRMA HERMANN SCHERER

HERMANN SCHERER GEHÖRT ZU DEN TOP-REDNERN IN DEUTSCHLAND. DIE THEMEN »PERSÖNLICHER ERFOLG«, »UNTERNEHMENSERFOLG« SOWIE »CHANCENINTELLIGENZ« STEHEN IM ZENTRUM SEINER VORTRÄGE.

INHABER/GESCHÄFTSFÜHRER: HERMANN SCHERER

WWW.HERMANNSCHERER.COM

Hermann Scherer baute mehrere Unternehmen auf, die zum Marktführer wurden oder sich auf Anhieb unter den TOP 100 des deutschen Handels platzierten. Die Süddeutsche Zeitung schreibt: »Er gehört zu den Besten seines Faches.« Die Zusammenarbeit mit weit über 2.000 Marktführern hat ihm den Ruf des praxisorientierten Business-Experten eingebracht. Der mehrfach ausgezeichnete Autor ist Mitglied im Q-Pool 100 und hielt Lehraufträge an mehreren europäischen Universitäten sowie dem St. Galler Management-Seminar der Universität St. Gallen.

Nun, solange dein Unternehmen nur das bietet, was alle bieten, bekommt es auch nur das, was alle bekommen: Und das sind durchschnittliche Erlöse, durchschnittliche Anerkennung und durchschnittliche Aufmerksamkeit. Also setze dich positiv in Szene. Denn was nutzt es, Qualität zu leisten, fleißig zu sein, wenn niemand davon weiß? Das gilt übrigens auch für den persönlichen Erfolg: Nur wenn du deine persönlichen Stärken nach außen sichtbar machst, wirst du wahrgenommen. Sexappeal statt Mauerblümchen heißt die Losung.

Versetze dich in die Lage der Kunden, die du für dein Produkt gewinnen willst: Viele Angebote ähneln sich, die Konkurrenz ist groß. Aber dieses schier unüberschaubare Angebot von Produkten, die sich gleichen,

HERR SCHERER, WIE GEWINNT MAN KUNDEN?

führt zu einer Gleichgültigkeit bei den potenziellen Kunden. Und auch die Wahrnehmungsfähigkeit der Menschen ist begrenzt. Warum soll also der Kunde einen bestimmten Rasierer kaufen, wenn zehn andere genauso gut sind? Kaufen tut er nur, wenn ihm dieser eine besonders positiv auffällt. Also formuliere dein Angebot unwiderstehlich – und mit Pfiff! Wenn du den Kundennutzen formulierst und dein Produkt für ihn begehrenswert ist, bekommst du den Zuschlag. Beschäftige dich mit dem Kunden. Was könnte er brauchen und welchen Nutzen zieht er aus deinem Produkt und/oder deiner Leistung? Aus welchem Netzwerk kannst du deine Kunden gewinnen?

Überzeugen und begeistern, überraschen und in Erinnerung bleiben, dabei stets freundlich sein und lächeln – das sind die Zauberworte für deinen Erfolg! Verwöhne deine Kunden mit einem ganz besonderen Service. Ein Beispiel: Ein Blumenladen hat es geschafft, seinen Umsatz erheblich zu steigern, weil er ein Erinnerungssystem per SMS entwarf, d.h. zwei Tage vor einem wichtigen Ereignis, beispielsweise dem Geburtstag der Ehefrau oder einem Firmenjubiläum, wird der Kunde per SMS daran erinnert. Und das natürlich mit dem Hinweis, dass man gerne bereit ist, einen dem Anlass gemäßen Blumenstrauß zusammenzustellen.

Deine Leidenschaft, deine Ziele und die Vision verhelfen dir dazu, einen Expertenstatus für dein Produkt aufzubauen. Eine strategische Ausrichtung und Positionierung, eine klare Bestimmung der Zielgruppe und der Mut, anders zu sein, sind deine Stärken und der Schlüssel für Aufmerksamkeit, Bekanntheitsgrad – und glückliche Kunden.

AUSZEICHNUNGEN:

Q Pool 100 Zertifikat

Q Pool 100 Zertifikat

WOFÜR STEHT MEIN UNTERNEHMEN?

Diese Frage kannst du bestimmt mittlerweile gut beantworten. Jetzt gilt es, das auch deinen Kunden durch Name und Corporate Design möglichst schnell deutlich zu machen.

NAME DER FIRMA

Bei der Namensgebung musst du die Einschränkungen durch deine **Rechtsform** beachten (siehe S. 76). Für viele Firmen ist es sinnvoll, einen Fantasienamen zu wählen. Dir – und natürlich deiner Zielgruppe – muss er gefallen. Bei einigen Unternehmen kann auch dein Name als Unternehmensname gut funktionieren. Damit stellst du deine Person in den Vordergrund. Bei Beratungsfirmen ist das oft der Fall – der Eigentümer »verbürgt sich mit seinem guten Namen«.

Eventuell hat der Einsatz eines **Unternehmens-Claims** Sinn – einem Zusatz zu deinem Namen, der wichtige Inhalte deines Angebots transportiert.

CORPORATE DESIGN

Das Corporate Design umfasst dein gesamtes visuelles **Erscheinungsbild** nach außen. Angefangen beim Logo, über Geschäftsausstattung, Internetauftritt bis hin zu Anzeigen, Flyer, Broschüren usw. Optimal ist es, wenn du einen Fachmann damit beauftragen kannst. Die Euro, die du für ein gutes Corporate Design ausgibst, hast du bald durch die gute Wirkung auf deine Kunden wieder in der Tasche. Wichtig ist, dass dein Erscheinungsbild einprägsam, individuell und zu deinem Unternehmen passend ist. Es sollte sowohl farbig als auch schwarz-weiß (z.B. bei Anzeigen) gut aussehen und wiedererkennbar sein. Dein Logo und deinen Namen solltest du dir beim **Deutschen Patent- und Markenamt** *(www.dpma.de)* schützen lassen. Das kannst du selbst machen oder einen Patent- oder Rechtsanwalt beauftragen.

IDENTITÄT

GANZ NAH BEIM KUNDEN

WIE SIND MEINE KUNDEN WIRKLICH? SCHAU DIR DEINE KUNDEN GANZ GENAU AN!

Um Kunden zu gewinnen, musst du sie genau kennen. Für erfolgreiche Zielgruppen-Ansprachen brauchst du eine möglichst genaue Zielgruppen-Definition – ein einfaches »alle zwischen 20 und 45 Jahren« reicht auf keinen Fall. Such dir einen Prototypen heraus, gib ihm/ihr einen Namen und überleg dir, wie er/sie so drauf ist. Vielleicht hast du auch so einen Menschen in deinem Freundes- oder Bekanntenkreis – noch besser! Dann kannst du live mit dieser Person einen Fragebogen durchgehen (siehe rechts). Je genauer du die Zielgruppe kennst, desto besser kannst du dein Produkt oder deine Dienstleistung auf sie abstimmen, sie bei ihr bewerben und somit **erfolgreich** sein.

DEIN ANGEBOT AN DIE ZIELGRUPPEN ANPASSEN!

PROBLEME DER KUNDEN LÖSEN

Stell dir deinen Kunden in Interaktion mit deinem Produkt bzw. deiner Dienstleistung vor. Wie geht er damit um? Welche Probleme rund um dein Produkt hat er? Kannst du sie noch lösen? Als Zusatznutzen beispielsweise, um dich von deinen Mitbewerbern abzuheben oder als zusätzliches Produkt?

SERVICE! SERVICE! SERVICE!

Begeistere deine Kunden, mach also wirklich was Tolles! Vieles wird mittlerweile auch in der vermeintlichen Servicewüste Deutschland schon vorausgesetzt. Lächeln, Freundlichkeit – das sollte selbstverständlich für dich sein.

Gerade bei den Themen Service, Marketing und Kundenakquise lohnt es sich, Seminare und Vorträge zu besuchen um neue Ideen zu bekommen, denn du musst bei der Kundengewinnung und Angebotsoptimierung immer am Ball bleiben. Ein gutes Buch zum Thema Kundengewinnung und Optimierung des Kundennutzens ist **»Jenseits vom Mittelmaß«** von Hermann Scherer. Das kannst du dir z.B. bei amazon bestellen.

Internettipps Vorträge/Seminare:
www.schmidt-colleg.de
www.hermannscherer.com

FRAGEBOGEN ZIELGRUPPE

Mach einen kleinen **Markttests** mit der Zielgruppe (z.B. aus deinem Bekanntenkreis). Erarbeite den Test anhand der unten aufgeführten Fragen – oder vielleicht fallen dir auch noch zusätzliche Gesichtspunkte ein. Mach dir Notizen, hör genau zu und frage nach. Je mehr du vom Kaufverhalten deiner Kunden weißt, desto besser!
Wenn du gute Kunden hast, führe eine Feedback-Kultur ein. Frage die Kunden, warum sie gekauft haben, was ihnen gut gefallen hast und bitte sie um ihre ehrliche Meinung. Das zeigt dein Interesse an den Kunden und schmeichelt ihnen. Darüber hinaus erfährst du viel, was du in Zukunft für dein Marketing nutzen kannst. Und du bekommst positive Feedbacks, die du z.B. auf deiner Internetseite publik machen kannst. Denn kaum etwas ist so überzeugend wie zufriedene, namentlich aufgeführte Kunden!

Beschreibe deiner Zielgruppe dein Produkt bzw. deine Dienstleistung.
Zeige Logo, Visitenkarten, Internetseite, Flyer.

BEISPIELFRAGEN:

- ☐ Was findest du an meinem Angebot gut?
- ☐ Wo siehst du Schwachstellen?
- ☐ Wo findest du es besser als die Konkurrenz? In welchen Punkten schlechter?
- ☐ Was fehlt an dem Produkt?
- ☐ Würdest du es kaufen?
- ☐ Wie viel würdest du dafür bezahlen?
- ☐ Ist es zu billig oder zu teuer?
- ☐ Was erwartest du mindestens von diesem Produkt/dieser Dienstleistung?
- ☐ Was hast du noch für Werbeideen?
- ☐ Was würdest du gerne zusätzlich haben?
- ☐ Was ist dir besonders wichtig an dem Produkt/der Dienstleistung?
- ☐ Was kann ich tun, um deine Erwartungen an das Angebot zu übertreffen?
- ☐ Wie würdest du mit Schulnoten mein Angebot bewerten? Bitte begründen.
- ☐ Wie findest du den Auftritt (Corporate Design, Werbemittel) meines Angebots?

DOWNLOAD DES FRAGEBOGENS UNTER WWW.ERFOLGSLABOR.COM

NETZWERKE

BEZIEHUNGEN SCHÄTZEN UND NUTZEN

Wenn du die Wahl hast, mit einem Freund deines Freundes zu arbeiten oder mit einem Unbekannten – für wen entscheidest du dich? Wahrscheinlich für den Freund deines Freundes! Und diese Tatsache solltest du so früh wie möglich für dich nutzen. Knüpfe Netzwerke, sei offen, interessiert, gehe auf die Leute zu. Gerade bei deiner Unternehmensgründung werden dir diese Kontakte sehr nutzen. Nicht nur für potenzielle Neukunden, sondern auch für mögliche Vertriebspartner.

PARTNER FINDEN

Vielleicht kennst du über dein Netzwerk jemanden, der schon eine erfolgreiche Firma hat und dein Produkt oder deine Dienstleistung mitanbieten kann. Schau deine Kontakte durch und überlege, wen du sinnvollerweise darauf ansprechen könntest.

KUNDEN FINDEN

Nutze dein Netzwerk zum Akquirieren von Kunden. Tue das allerdings nicht zu offensiv, sondern zeige den Nutzen, den dein Produkt bzw deine Dienstleistung für deinen Netzwerkpartner hat. Auf Business-Lunches kannst du interessante Kontakte knüpfen. Besuche solche Veranstaltungen, wann immer du Zeit hast.

HILFE FINDEN

Oder du kennst jemanden, der dir auch am Sonntag deinen Computer einrichtet, einen guten Steuerberater kennt, dir günstiger Büromöbel besorgen kann … Bitte achte darauf, dass du genauso viel gibst, wie du nimmst. Die Beziehungen zu deinen Netzwerkpartnern sollten immer ausgewogen sein.

Fluch und Segen der virtuellen Netzwerke: Alle Informationen sind nur einen Mausklick entfernt. Achte darauf, dass du in deinem Netzwerk keine intimen Fotos preisgibst wie die beiden auf dem Hintergrundbild dieser Seite. Das schadet deiner Reputation auf jeden Fall. Bitte stelle grundsätzlich keine intimen Informationen ins Netz. Das Internet vergisst nicht so schnell – und hier ergeben sich Nachteile für dich, egal ob du dich selbstständig machst oder angestellt arbeiten möchtest.

CHECKLISTE NETZWERKEN

- [ ] Veröffentliche nur Informationen und Fotos über dich, die deinem Ruf auf keinen Fall schaden können.
- [ ] Pflege deine Kontakte regelmäßig (live oder virtuell).
- [ ] Achte auf ausgewogene Beziehungen: Tue auch etwas für die Mitglieder deines Netzwerkes!
- [ ] Frage dich auch: »Was kann ich für die Menschen in meinem Netzwerk tun?«. Vermittle interessante Kontakte und Informationen – das macht dich sympatisch, wichtig und interessant.
- [ ] Sprich nicht schlecht von anderen.
- [ ] Geh nicht zu offensiv bei der Vermarktung deines Unternehmens vor.
- [ ] Gibt es Netzwerktreffen in deiner Nähe? Dann nutze die Gelegenheit, nimm genug Visitenkarten mit und lerne die Leute »real« kennen.
- [ ] Überlege dir, wie du Menschen kennenlernst, die für dich interessant sein können, z.B. indem du in den Kontakten deiner Kontakte schaust oder gezielst an Orte gehst, wo du die Menschen treffen kannst. Sei offen und interessiert, aber nicht aufdringlich.

Aber du solltest schon etwas mehr über dich sagen als nur oberflächliches Blabla. Beim Netzwerken ist es wichtig, Informationen über dich preiszugeben, die dich interessant machen – als Mensch und Unternehmer.
Biete deinen Netzwerkpartnern wirklichen Nutzen an, melde dich regelmäßig, halte sie auf dem Laufenden und vermittle innerhalb deines Netzwerkes interessante Kontakte.

Internettipps Networking:
www.xing.de
www.facebook.de
www.schuelervz.net
www.studivz.net

INTERVIEW DESIGN

MIT MICHAEL KUBENS UND EUGEN SOBOLEWSKI VON »DESIGNENLASSEN«

FIRMA DESIGNENLASSEN

DIE FIRMA DESIGNENLASSEN LÄSST AUF IHREM INTERNETPORTAL GESCHÄFTSAUSSTATTUNG, WEBDESIGN USW. VON VERSCHIEDENEN DESIGNERN KOSTENGÜNSTIG GESTALTEN.

GRÜNDUNGSJAHR: 2009

INHABER/GESCHÄFTSFÜHRER:
MICHAEL KUBENS,
EUGEN SOBOLEWSKI

WWW.DESIGNENLASSEN.DE

GRÜNDERPREISE:

IDEENWETTBEWERB MULTIMEDIA DES BMWI

IT-INNOVATIONSPREIS DER KATEGORIE „WEB 2.0" DER INITIATIVE MITTELSTAND

Eugen Sobolewski, Jahrgang 1978, ist Diplom-Informatiker und seit Abschluss seines Studiums im Jahr 2005 als freiberuflicher Webentwickler selbstständig. Michael Kubens, Jahrgang 1976, ist Diplom-Media-System-Designer. Nach einer Zeit als leitender Angestellter ist er seit 2008 selbstständig.

Michael Kubens (links), Eugen Sobolewski (rechts)

Im Frühjahr 2008 waren wir gerade mit der Gründung unserer ersten Firma, einem Internet-Beratungsunternehmen, beschäftigt und brauchten hierfür ein Corporate Design. Mit den bestehenden Ausschreibungsmodellen waren wir unzufrieden, in der Regel musste man sich auf Basis von Referenzen und Angeboten für einen Anbieter entscheiden, der dann den Auftrag abwickelt. Der Nachteil hierbei: Man kauft die Katze im Sack und hat keine Garantie, dass man das Design bekommt, das einem wirklich gefällt. Wir überlegten, wie man den Prozess bei der Vergabe von Kreativprojekten besser gestalten kann, und beschäftigten uns mit unterschiedlichen Konzepten, die hierzu im deutsch- und englischsprachigen Web bereits existierten. Wir erkannten eine Marktlücke und setzten dann kurzentschlossen die Plattform *designenlassen.de* in Eigenregie um.
Das Geschäftskonzept in Kürze: Ob es um die Entwicklung eines Logos, die Gestaltung einer Anzeige oder eines Flyers, die Erstellung von Visitenkarten oder

Herr Kubens, Herr Sobolewski, warum haben Sie mit »designenlassen« Erfolg?

den Entwurf einer Webseite geht – hier ist die Mitarbeit eines Fachmannes vonnöten. Doch insbesondere Unternehmensgründer und kleinere Unternehmen scheuen die hohen Kosten und den Aufwand, der mit der Beauftragung einer professionellen Agentur verbunden ist. Auf der anderen Seite haben viele freiberuflich tätige Designer oftmals ausreichend Kapazitäten, um den ein oder anderen Kleinauftrag anzunehmen. Diese Problematik hat *designenlassen.de* erkannt und sich auf beide Zielgruppen spezialisiert.
Auftraggeber von Designprojekten können online einen Wettbewerb zu ihrer Aufgabenstellung veröffentlichen, beispielsweise die Gestaltung eines neuen Logos. In einem standardisierten Briefing äußern sie ihre Wünsche und legen fest, was sie bereit sind, dafür zu bezahlen. Statt eines Angebots für die Umsetzung der Projektaufgabe reichen die Designer fertige Designvorschläge ein. Diese werden dann vom Auftraggeber bewertet und kommentiert. Auf Basis des Feedbacks können Designer nun ihre Entwürfe verbessern und einen überarbeiteten Vorschlag hochladen. Nach Ablauf der Ausschreibungsfrist bestimmt der Auftraggeber den Gewinner und erhält nach Bezahlung des vorher festgelegten Preisgeldes die Daten samt allen Nutzungsrechten vom Designer. Wichtige Erfolgsfaktoren bei unserer Firmengründung waren, dass wir die ersten mit der Idee im nationalen Markt waren, dass wir ein klares und einfaches Geschäftsmodell wählten und von Anfang an die meiste Energie in die Kundengewinnung gesteckt haben.

Unser Tipp für junge Gründer: Dein Ziel sollte es sein, von potenziellen Kunden gefunden zu werden, anstatt mühsam jeden Kunden neu akquirieren zu müssen. Das zentrale Konzept des Internets ist die Suche. Versetze dich in die Lage des Kunden und gib bei Google die Suchbegriffe ein, die deine Kunden verwenden, wenn sie nach einer Lösung für ihr Problem suchen. Bringe dich in den gefundenen Blogbeiträgen, Foren oder Wikipedia-Artikeln aktiv in die Diskussion ein und positioniere dich so online als Experte für dein Fachgebiet. So kannst du sehr schnell potenzielle Kunden auf deine Leistungen aufmerksam machen.

DAS PERFEKTE ZUSAMMENSPIEL: VERNETZTE KOMMUNIKATION

Damit deine Werbung optimal vernetzt ist, brauchst du einen schriftlichen Marketingplan. Mach dir darüber Gedanken, mit welchen Medien du deine Kunden am besten erreichst und wie du die einzelnen Maßnahmen am besten aufeinander abstimmen kannst. Schau dir auch ruhig an, was deine Mitbewerber in Sachen Kundengewinnung machen.

In deinem Marketingplan hältst du neben den Maßnahmen auch einen Umsetzungs-Zeitplan und die Ergebnisse der einzelnen Aktionen fest. Teste verschiedene Kanäle und werte das Ergebnis aus. Wie viele neue Kunden hast du dadurch gewonnen? Wie viel Geld hast du verdient, wie viel hat die Werbung gekostet? Du kannst auch in deinen Plan eintragen, wann deine Mitbewerber welche Werbung machen. Eine umfangreiche Zielgruppenanalyse und die Positionierung deines Unternehmens sollten ebenfalls im Marketingplan enthalten sind.

Und denk daran: Wenn du etwas machst, dann mach es professionell! Stelle immer den Kundennutzen in der Vordergrund und nicht dich oder dein Produkt. Beantworte die Frage: Was hat mein Kunde davon?

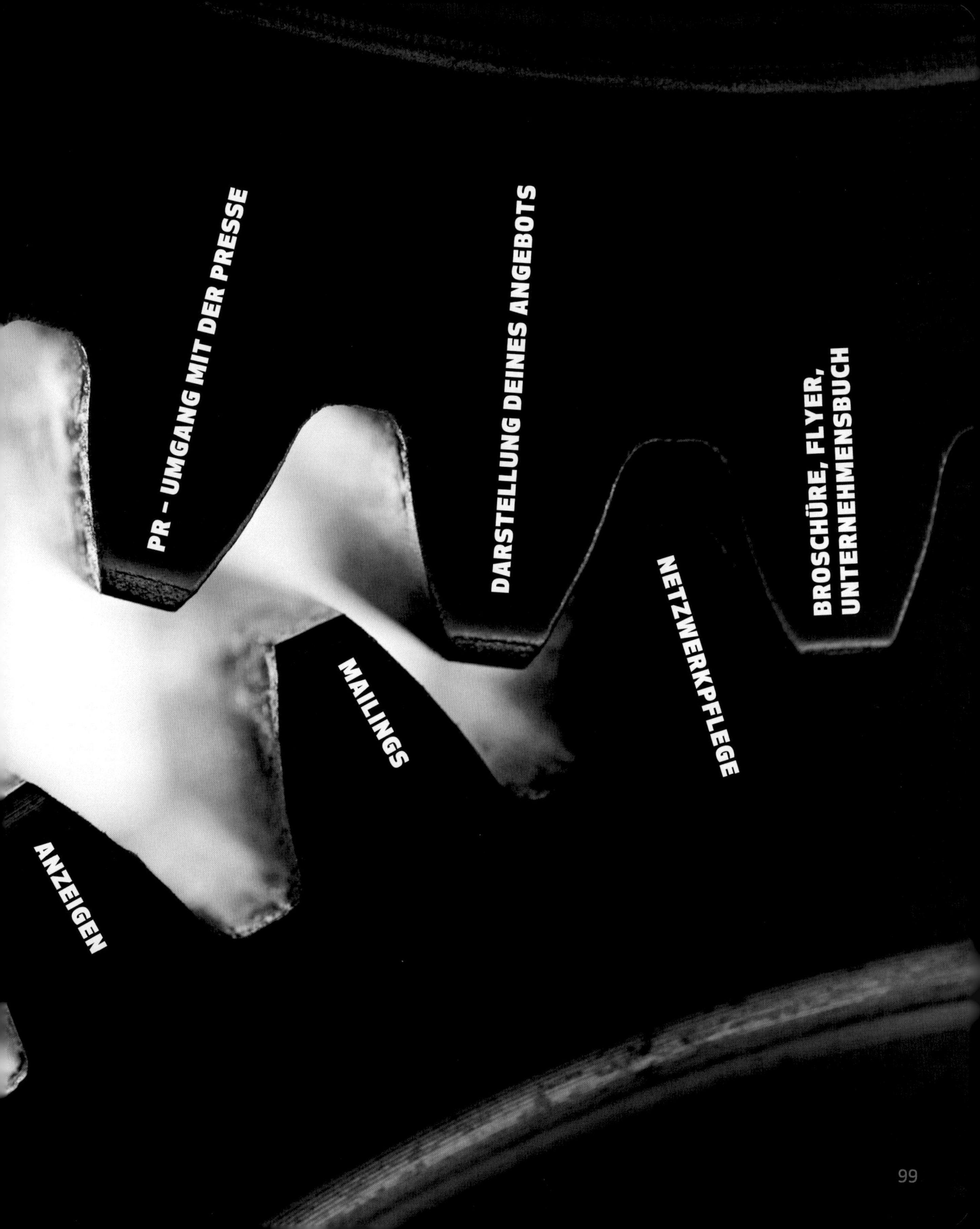
PR – UMGANG MIT DER PRESSE
DARSTELLUNG DEINES ANGEBOTS
BROSCHÜRE, FLYER, UNTERNEHMENSBUCH
ANZEIGEN
MAILINGS
NETZWERKPFLEGE

UND DAS SIND KANDIDATEN FÜR DEINE KUNDENGEWINNUNG:

Wir führen hier die wichtigsten Werbemedien zur Kundengewinnung auf. Unser Marketing-Experte Hermann Scherer und unsere Web-2.0-Spezialisten Michael Kubens und Eugen Sobolewski geben dir dazu wichtige Tipps.

DEIN ANGEBOT

Du hast eine Anfrage und schickst an deinen Kunden dein Angebot. Das ist ein entscheidender Moment. Ist deine Angebotspräsentation wirklich gut? Anbei wichtige Tipps:

EXPERTENTIPPS

1. TIPP: Formuliere dein Angebot so, dass dein Kunde dich versteht, und rücke die Punkte, die deinen Kunden interessieren, in den Mittelpunkt. Bitte keine kryptischen Abkürzungen, verwirrenden Zahlenkolonnen und leere Floskeln. Jedes Angebot sollte so geschrieben sein, dass es auch unbeteiligte Dritte (Berater, Vorstand, Anwalt) sofort verstehen.

2. TIPP: Reichere dein Angebot mit positiven Informationen über dich und dein Unternehmen auf. So kannst du ruhig Presseberichte und Kundenfeedbacks zu deinem Angebot hinzugeben.

3. TIPP: Werte dein Angebot optisch auf! Stelle deine Leistung an passender Stelle auch grafisch mit Diagrammen oder Bildern dar.

4. TIPP: Achte auf einen ansprechenden äußeren Eindruck. Je nach Kunde kann es sinnvoll sein, einen schönen Ausdruck auf hochwertigem Papier mit Deckblatt und eine schöne Bindung oder Mappe zu verwenden.

5. TIPP: Formuliere Garantien, die für deinen Kunden besonders wichtig sind. Du signalisierst dadurch, dass du zu 100 Prozent von deinem Angebot überzeugt bist. Gib dem Kunden dadurch die Sicherheit, dass er bei dir genau richtig liegt.

BUCHTIPP: Eine Fülle von konkreten Beispielen, Checklisten und Tipps für unwiderstehliche Angebote findest du in **»Das überzeugende Angebot. So gewinnen Sie gegen die Konkurrenz«** von Hermann Scherer.

PROSPEKTE VERTEILEN

Deine Unternehmensbroschüre oder deinen -flyer kannst du auf vielfältige Art unter die Leute bringen. Beispiele: In einem Ladengeschäft auslegen, als Postwurfsendung verteilen lassen, deinem Angebot beilegen, per Post verschicken. Wichtig ist wie immer die Frage: Wen erreichst du damit tatsächlich?

ANZEIGEN

Je nach Budget und Zielgruppen kannst du Anzeigen in Stadtmagazinen, dem Lokalblatt oder überregionalen Zeitungen schalten. Sinn hat oft eine mehrmalige Schaltung. Oft reichen die günstigeren, einfarbigen Anzeigen.

DON'TS

GILT FÜR ALLE WERBEMEDIEN

- **Langweilige Werbung:** Wenn sich deine Texte anhören, als würdest du sie schon von anderer Stelle kennen, wirf sie weg und überlege dir etwas Originelles!
- **Zu viel Geld ausgeben:** Manche teure Spielereien, z.B. beim Druck (farbige Anzeige) kann man sich sparen.
- **Zu wenig Geld ausgeben:** Professionell muss alles aussehen, was an deine Kunden geht; bitte nichts unprofessionell Handgemachtes verschicken.
- **Dem Medium keine Chance gehen**: Versuche ein Mailing oder eine Anzeigenschaltung mindestens dreimal, bis du deine Schlüsse ziehst – es sei denn es bringt GAR nichts.
- **Unbelehrbar auf die falschen Medien setzen**: Auf der anderen Seite musst du nach einer Weile überprüfen, welche Werbeaktion dir wirklich mehr Umsatz bringt.
- **Für deine Zielgruppe unpassende Werbung.** Frage dich immer: Welche Medien sprechen deine Zielgruppe besonders an? Je genauer du deine Zielgruppe definiert hast, desto besser.
- **Zu komplizierte Botschaften** – keep it simple!
- **Uneinheitlicher Auftritt auf allen Kanälen:** Bitte achte auf Wiedererkennung (deine Corporate Identity)!

GUERILLA-MARKETING

Guerilla-Marketing beschreitet ungewöhnliche, wenig offensichtlich werbliche Wege. Mit einem sehr kleinen Etat wird das Medium oder der Absatzkanal gewählt, der jeweils günstig zu erhalten ist. Du könntest beispielsweise einen witzigen Film drehen und auf youtube veröffentlichen. Die Community freut sich über wirklich gut gemachte Spots und verbreitet sie in Windeseile.

MAILING

MASSE

Hier gilt die Regel: Möglichst viele Sendungen verschicken und mindestens zweimal wiederholen. Je weniger normal dein Brief ist, desto eher bleibt das Auge haften. Zum Thema Werbebriefe gibt es sehr hilfreiche Bücher. Mailings kannst du beispielsweise per Post oder als Postwurfsendung unter die Leute bringen.

EXPERTENTIPP

Viele Versender setzen bei Mailings auf das Prinzip des »steten Tropfens«. Ich habe bessere Erfahrungen mit der **»3-Brief-Strategie«** gemacht: Statt ein werbendes Schreiben an eine Person im Unternehmen – z. B. den Geschäftsführer, den Verkaufsleiter oder den Personalleiter – zu schicken, versende ich es parallel an alle drei, verbunden mit einem Hinweis wie: »Wir sind uns nicht ganz sicher, ob wir diesen Brief richtig adressiert haben. Darum erlauben wir uns im Sinne eines Servicegedankens, dieses Schreiben auch an den Herrn Verkaufsleiter, Herrn XY, und den Herrn Personalleiter, Herrn YZ, zu senden« (und für diese Herren eben entsprechend). Die Folge: Ein Brief, der sonst womöglich rasch im Papierkorb gelandet wäre, bekommt viel mehr Aufmerksamkeit – und sei es nur, weil der Verkaufsleiter sich nicht vor dem Chef blamieren will, der Geschäftsführer dem ungeliebten Personalleiter in der Kantine nur zu gerne eine Kontrollfrage stellen würde usw.

EXQUISIT

Hast du ein paar wenige Traumkunden, dann kannst du auch individuelle Mailings machen. Das muss nicht unbedingt teuer, sondern hauptsächlich originell sein.

EXPERTENTIPP

Setze auf **Originalität.** Zur Erstausgabe von Focus Schule schickte *Unternehmen Erfolg* beispielsweise Schultüten an die Redaktion, einem US-Kunden wurden fünf Ausgaben seiner Lieblingszeitung geschenkt. Oder bring zum Meeting einfach frische Krapfen vom Bäcker mit. Warum im Winter nicht Eimer, Kohlestücke, Karotte und Schal an Kunden schicken, einen Schneemann-Wettbewerb veranstalten und die schönsten Schneemänner auf der Firmen-Homepage prämieren? Du wolltest einen potenziellen Kunden schon immer mal verblüffen? Lass beispielsweise über Eismann zwölf Tüten Eis (8,95 Euro frei Haus unter *www.eismann.de*) mit einem kleinen Gruß von dir anliefern. Die meisten Unternehmen haben keinen Gefrierschrank und »müssen« gleich genießen. Auf die telefonische Frage des Kunden, wie er zu der Ehre komme, antworte einfach: »Damit Sie auch in heißen Tagen einen kühlen Kopf bewahren.«

GRUSSKARTEN

Man kann davon ausgehen, dass du an Weihnachten in der Flut an Karten, die deine Kunden bekommen eher untergehst. Entweder machst du etwas außergewöhnliches oder du kreierst deinen eigenen Feiertag. Davon gibt es jede Menge, schau doch mal im Internet nach.

EXPERTENTIPP

Es ist mäßig originell, wenn ein Autohaus Geburtstagskarten verschickt. Davon bekommt der Kunde an seinem Ehrentag viele und sicherlich schönere. Witziger und wirkungsvoller wäre eine Geburtstagskarte an das Auto (»Liebes Auto, du bist jetzt schon ein Jahr alt. Wir hoffen, du stehst noch schön in Lack und Leder … Komm doch mal wieder vorbei. Wir haben auch einen Schuss Öl für dich … «). Statt die immergleichen Anlässe zu nutzen, suchen Sie nach einem **ungewöhnlichen Aufhänger.** Neben den klassischen Festtagen gibt es auch weniger prominente Festtage wie St. Patrick's Day oder Halloween und nahezu für alles und jeden Jahrestage – vom Tag der Poesie bis zum Tag des Wassers. Kreieren Sie Rhythmen (»noch 100 Tage bis …«), nutzen Sie persönliche Jubiläen (»seit 100 Tagen Kunde bei uns«). In der Kombination mit Standards wie einem Newsletter bleiben Sie so dauerhaft im Kundengedächtnis.

PR

Es gibt kaum Werbung, die so effektiv und günstig ist wie PR. Hier solltest du einen Schwerpunkt setzen – und zwar von Anfang an. Am besten machst du eine Pressemappe mit allen wichtigen Infos über dich und deine Unternehmensgründung. Vergiss nicht, Kundenstimmen und Fotos hinzuzufügen, z.B. aus deiner Zeit als Angestellter. Achte darauf, deine Texte schon wie Zeitungsausschnitte zu formulieren, also eine reißerische Headline und Inhalte, die für den Leser interessant sind. **Warum ist es für die Leser so wichtig zu wissen, dass es dein Unternehmen jetzt gibt?** Suche Kontakt zu Redakteuren von relevanten Magazinen oder der örtlichen Tagespresse. Finde den richtigen Ansprechpartner und biete ihm deine »Story« an. Journalisten sind meist aufgeschlossen, denn Sie brauchen ja Stories. Schick ihm deine gut geschriebene und vorbereitete Pressemappe – so hat der Journalist möglichst wenig Arbeit.

Warum die Presse über dich berichten sollte:

- Du hast ein Unternehmen gegründet.
- Stell der Presse dein Produkt/deine Dienstleistung kostenlos für ein Gewinnspiel. für deren Leser zur Verfügung.
- Schalte auch mal eine Anzeige.
- Engagiere dich sozial.
- Tue etwas Spektakuläres.

EXPERTENTIPPS

1. TIPP: Auf der Webseite **www.pressekatalog.de** sind ca. 30.000 Fachzeitschriften verzeichnet. Hier kannst du recherchieren, wer deine Zielgruppe anspricht, und anschließend die Redaktionen mit einem zündenden Themenvorschlag zu einem Bericht veranlassen.

2. TIPP: Baue einen Presseverteiler auf und versorg die geeigneten Redaktionen regelmäßig mit Pressemeldungen. Auch über Nachrichtenagenturen wie dpa und offene Presseportale kannst du deine Presseinfos verbreiten.

3. TIPP: Willst du Firmenkunden erreichen, analysiere die Bedürfnisstrukturen der Zeitungen im B2B-Bereich.

4. TIPP: Stell dich als Experte für das Lesertelefon zur Verfügung. Rege eine solche Aktion selbst an; schließlich kann die Zeitschrift ihren Kunden so einen Mehrwert bieten.

5. TIPP: Wenn du ein Interview geben kannst, sorge durch gute Vorbereitung dafür, dass deine Botschaft rüberkommt.

6. TIPP: Halte bei Terminen einen »Waschzettel« mit den wichtigsten Infos in eigener Sache bereit. Der sollte kurz, knapp und knackig sein und vermitteln, was dich von anderen abhebt. Schreibe deine wichtigsten Daten dazu, dann braucht der Journalist nicht alles mitzuschreiben, und so läufst du auch nicht Gefahr, dass etwas vergessen wird.

7. TIPP: Bleib hartnäckig! Winken Redakteure bei einem bestimmten Thema ab, biete beim nächsten Mal ein neues an (oder überlege dir einen besseren Aufhänger für das alte).

8. TIPP: Biete Kolumnen an. Das sind regelmäßig erscheinende (Experten-)Tipps oder Meinungen.

9. TIPP: Schreibe ein Buch. Es gibt kaum einen besseren Weg für gute PR.

UNTERNEHMENSBUCH

Du denkst, jetzt übertreiben die aber: Gerade am Gründen und schon ein Buch schreiben! Es gibt allerdings Möglichkeiten, sich zu seinem Spezielathema Bücher schreiben, gestalten und drucken zu lassen. Du kannst dein Wissen mit einfließen lassen und am Ende hast du ein hochwertiges, eigenes Buch (eine »Unternehmensfibel«). Das macht bei Kunden und Journalisten einen viel besseren Eindruck als eine Broschüre, vermittelt Kompetenz und wird weniger weggeworfen. Darüber hinaus kannst du dein Buch für PR-Aktionen nutzen. Geld musst du dafür schon in die Hand nehmen – aber es ist günstiger als man denkt (siehe *www.verena-lorenz.de*).

MESSEN

In manchen Branchen ist ein eigener Messestand ein wichtiger Baustein in der Kundengewinnung. Häufig reicht allerdings ein Messebesuch. Bitte vereinbare vorher Termine, damit du auch wirklich die Möglichkeit hast, mit interessanten Gesprächspartnern in Kontakt zu kommen.

GOOGLE ADWORDS

Für alle, die eine möglichst gute google-Platzierung zur Kundengewinnung brauchen. Schau mal unter *http://adwords.google.de*.

DAS WEB 2.0
BLOG, TWITTER & CO.

Willkommen im Zeitalter des Web 2.0. Anders als bei der klassischen Werbung geht es hier um personalisierte Ansprache der Zielgruppe statt breit gestreuter Werbebotschaften. Zum Web 2.0 gehören auch die unzähligen Blogs und Meinungsforen, die in rasanter Geschwindigkeit manche Produkte zu Bestsellern machen und andere verreißen. Hier setzt man auf Authenzität, die Konsumenten vertrauen Blogs und Online-Bewertungen mehr als klassischer Werbung. Das belegt auch diese Studie von YankelovichResearch: Im Jahr 2002 sagten 44 Prozent der Kaufinteressenten: »Es ist mir wichtig, über ein Produkt zu recherchieren, bevor ich es kaufe.« Heute sagen das bereits 61 Prozent! Meist sind die Werbeformen des Web 2.0 günstiger als die klassische Werbung und benötigen einiges an Zeit und Know-how, um sie effektiv einzusetzen.

EXPERTENTIPP

So startest du im Web 2.0:

- Start small– think BIG.
- Mache dich mit dem Web 2.0 vertraut – indem du es nutzt!
- Beteilige dich an den Konversationen – aber versuche nicht, diese zu kontrollieren!

Wichtige Regeln im Web 2.0:

- Das Web 2.0 gibt deiner Zielgruppe viele Möglichkeiten, sich über dein Produkt bzw. deine Dienstleistung zu informieren und ihre Meinung zu verbreiten.
- Märkte sind Gespräche – beteilige dich daran.
- Begeisterte Kunden werden zu deinen besten Markenbotschaftern und Empfehlungsgebern.
- Achte auf deinen guten Ruf im Internet, im Web 2.0 erntet man, was man sät!
- Beobachte den Markt intensiv (auch deine Mitbewerber), abonniere deren Blogs!

Achte auf diese Merkmale bei deiner Web 2.0 Seite:

- Deine Kunden sollten eine persönliche Verbindung zur Seite haben.
- Deine Kunden sollten sich als Teil eines Ganzen fühlen, nicht nur als »Nutzer«.
- Deine Kunden können Inhalte beisteuern und so am Aufbau deiner Seite mitarbeiten.

Was du über BLOGS wissen solltest:

- Blogs haben bei Google oft ein hohes Ranking und werden dadurch gut gefunden.
- Blogger vernetzen sich untereinander durch Links und die Blogroll – mit entsprechender Multiplikatorwirkung!
- Interessenten können über die Kommentarfunktion in Blogs oder E-Mails direkten Kontakt zu dir aufnehmen.
- Viele Nutzer »abonnieren« Blogs per RSS und werden automatisch über Neuigkeiten informiert.

E-MAIL-NEWSLETTER

Ob bei einer einmaligen E-Mail-Werbeaktion oder bei deinem regelmäßigem Newsletter: Biete dem Empfänger einen echten Nutzen, sei authentisch, originell und interessant. Dann kannst du deinen Newsletter sehr gut als Tool verwenden, um deine Kunden zu informieren und an dich zu binden. Beachte bitte die rechtlichen Regeln des Verbraucherschutzes und vergiss auch nicht, dass es viele Firmen mit Spamfilter gibt.

KINO- UND FERNSEHWERBUNG

Ist das für dich sinnvoll? Gerade Kinowerbung ist günstiger, als man häufig meint, und kann für dein Unternehmen ein gutes Werbemedium sein. Hier solltest du eine Werbeagentur einschalten.

HÖRFUNKWERBUNG

Wenn Werbung im Radio für dich sinnvoll ist, kannst du auch überlegen, ob du eine PR-Aktion mit dem Sender machen möchtest, so dass über dich auch im redaktionellen Teil berichtet wird.

AUSSENWERBUNG

Dazu gehören zum Beispiel Plakate und Litfasssäulen. Günstige Möglichkeiten der Plakatwerbung, bei der du dir einzelne Standorte aussuchen kannst, findest du unter *www.123plakat.de*.

GROSSES SCHILD AM BÜRO

Eigentlich selbstverständlich und trotzdem manchmal vernachlässigt – dabei ist ein repräsentatives Schild nicht nur bei Laufkundschaft, sondern auch bei Kunden, die dich besuchen, ein wichtiger Imageträger. Investiere hier ruhig ein paar Euro mehr, so dass es hochwertig und professionell aussieht.

AUTOBEKLEBUNG

Hast du einen Firmenwagen? Dann nutze ihn als fahrende Werbefläche. Achte darauf, dass das Fahrzeug immer gepflegt aussieht.

EINTRÄGE IN BRANCHENBÜCHERN

Ob gedruckt oder online: Einträge in Branchenverzeichnisse sind häufig kostenfrei und online verbessert sich so auch deine google-Platzierung. Frag z.B. bei der IHK nach geeigneten Verzeichnissen für dein Unternehmen und schau, wo deine Mitbewerber platziert sind.

WERBEMITTEL

Hier gibt es ein riesiges Angebot an Verkaufstüten, Verpackungen, Kulis, Zahnstochern, Bonbonboxen, CDs und Frisbeeverpackung usw. Solche Werbegeschenke können durchaus zur Kundenbindung beitragen – sowohl als günstiger Streuartikel als auch als hochwertiges Einzelstück. Was brauchen deine Kunden? Was gefällt ihnen?

DAS VERKAUFSGESPRÄCH

Wenn du deinem Kunden live gegenüberstehst, gibt es ein paar grundsätzliche Regeln, die du immer beachten solltest, egal ob du eine Präsentation beim Vorstand oder Lieschen Müller in deinem Laden hast.

Eine wichtige Frage stellt sich manchmal: Solltest du sagen, dass du Anfänger bist? Nein, oft musst du das gar nicht. Wenn du schon Berufserfahrung hast, dann hole positive Feedbacks ein und sage, dass sie aus deiner Zeit als Angestellter waren. Insgesamt solltest du niemals lügen – höchstens etwas übertreiben. Aber achte darauf, dass du dich nicht leicht »entlarven« lässt. Und: In manchen Branchen ist »NEU« auch durchaus werbewirksam!

CHECKLISTE KUNDENGESPRÄCH

- [ ] Sei gut vorbereitet. Informiere dich über deinen Kunden, mach dir Gedanken über Gegenargumente, die der Kunde bringen könnte, formuliere für dich dein Gesprächsziel.
- [ ] Sei motiviert.
- [ ] Achte auf eine angemessene und sympatische Begrüßung, merk dir den Namen und gib deine Visitenkarte raus.
- [ ] Hör dem Kunden zu. Was genau erwartet er von dir? Was braucht er?
- [ ] Nimm die Fragestellung deines Kunden auf und zeige, wie du sein Problem lösen wirst.
- [ ] Komm auf den Punkt.
- [ ] Sei nicht rechthaberisch.
- [ ] Falle dem Kunden nicht ins Wort.
- [ ] Habe Geduld und drängle deinen Kunden nicht.
- [ ] Lass dich nicht in eine Preisfalle drängeln. Wenn der Kunde weniger zahlen möchte, biete ihm mehr Leistungen an. Oder erkläre ihm, was genau dein Angebot so wertvoll macht.
- [ ] Triff am Schluss des Gesprächs eine klare Vereinbarung, wie es weitergehen soll.
- [ ] Verabschiede dich angemessen, so dass du einen guten Eindruck hinterlässt.
- [ ] Bereite das Gespräch nach.

HERAUS
ALS

DERUNGEN
RNEHMER

INTERVIEW HERAUSFORDERUNGEN

MIT DEM UNTERNEHMENSFÜHRUNGS-EXPERTEN DR. DR. CAY VON FOURNIER

FIRMA SCHMIDTCOLLEG

DIE FIRMA SCHMIDTCOLLEG BIETET SEMINAR-REIHEN, KONGRESSE, BERATUNGEN, ZEITPLANER UND BÜCHER. ZIEL ALLER ANGEBOTE IST ES, INSBESONDERE UNTERNEHMER UND FÜHRUNGSKRÄFTE IN EINEM ERFOLGREICHEN BERUFLICHEN UND PRIVATEN LEBEN ZU UNTERSTÜTZEN.

GRÜNDUNGSJAHR: 1985

MEHRHEITSGESELLSCHAFTER/ GESCHÄFTSFÜHRER: DR. DR. CAY VON FOURNIER

WWW.SCHMIDTCOLLEG.DE

Dr. Dr. Cay von Fournier leitet die erfolgreichen Seminare UnternehmerEnergie, FührungskräfteEnergie und MitarbeiterEnergie. Darüber hinaus tritt er bei vielen Veranstaltungen als Redner auf.
Er hat viele Jahre als Arzt gearbeitet, bevor er Redner und Seminarleiter wurde. Diese außergewöhnliche Berufskombination ermöglicht eine besondere Art der Beratung, die auch gesundheitliche Aspekte berücksichtigt.

Junge Gründer haben die große Chance, ihr Leben und ihr Unternehmen nach ihren Vorstellungen zu gestalten. Beides hängt eng miteinander zusammen und so beginnt für mich die Unternehmensführung beim »ich«. Dabei gibt es vier Hauptaufgaben: Ziele, Verständnis, Ordnung und Energie.
Die persönlichen Ziele beeinflussen die Strategie des Unternehmens. Das persönliche Verständnis dient der eigenen Steuerung im Leben und strahlt aus auf die Steuerung eines Unternehmens. Die persönliche Ordnung wirkt sich auf die Ordnung und Organisation im Unternehmen aus (Management). Die persönliche Energie und Gesundheit bstimmen die Art und Weise, wie begeistert und energiegeladen wir zu einem bestimmten Zeitpunkt mit Menschen umgehen, sowohl smit Kunden als auch Mitarbeitern und Lieferanten.
»Das Leben ist ein wundervolles Geschenk. Es ist wertvoll und zerbrechlich zugleich. In den Wirren des Alltags

HERR DR. VON FOURNIER

WAS SOLLTEN GERADE JUNGE UNTERNEHMER NACH DER GRÜNDUNG BEACHTEN?

geht oft das verloren, was uns wichtig ist.« Das ist das Motto meiner persönlichen Lebensvision. Erstaunlicherweise wissen viele Menschen gar nicht, was sie wollen, welche Talente sie haben und wozu sie fähig sind. Ich bin kein Anhänger der oberflächlichen Erfolgstheorien à la »Alles ist möglich!«, weil diese Aussage ganz einfach nicht stimmt. Für keinen Menschen ist alles möglich, jedoch ist für jeden Menschen mehr möglich, als er sich zutraut. Manchmal sind dies andere Dinge als die, die uns eingeredet werden oder die wir uns selber einreden. Daher mein Tipp an junge Gründer: Achte auf dich und auf das, was dir wichtig ist. Respektiere deine Grenzen und sorge dafür, dass du körperlich und geistig gesund bleibst. Gesunde Unternehmen entstehen nicht durch kranke Führungskräfte und Unternehmer. Auch wird der Umgang mit anderen wesentlich bestimmt durch den Umgang mit sich selbst. All das ist die Basis für ein gesundes und erfolgreiches Leben und darüber hinaus die Basis für gesunde und erfolgreiche Unternehmen.

Ich glaube auch, dass sich viele in unserer Gesellschaft auf dem Holzweg befinden, wenn sie den Sinn ihres Daseins vornehmlich an den Werten der Wohlstandsgesellschaft festmachen. Jeder Mensch sollte seine eigenen Ziele und Werte definieren und nach ihnen leben. Wichtig für dich als Mensch und Unternehmer ist eine gute Lebensführung, Klarheit über deine eigene Situation und deine Stärken sowie Klarheit über das, was du im Leben eigentlich erreichen und sein willst. Eine gute persönliche Organisation und sehr viel Energie – jeden Tag – um andere Menschen zu begeistern.

AUSZEICHNUNGEN:

WAS IST WIRKLICH WICHTIG?

Was wilst du in deinem Leben erreichen? Was ist wirklich wichtig **für dich?** Entscheidende Fragen, die du dir beantworten solltest. Nicht nur im Geist, sondern am besten schriftlich, so dass du deine Gedanken über den Sinn deines Lebens öfters nachlesen kannst – gerade im stressigen Alltag eines jungen Unternehmers gehen sie schnell verloren. Denn bitte bedenke: Wenn du nicht weißt, wo du ankommen möchtest, kannst du auch nicht den richtigen Weg einschlagen!

EXPERTENTIPP

Schreib dir deine eigene Lebensphilosophie:
Bei einer wirksamen Lebensführung geht es darum, die Richtung und entsprechend auch den Weg zu definieren, den wir in unserem Leben zurücklegen wollen. Jedes einzelne Leben könnte wirksamer, energiereicher und wesentlich glücklicher sein, wenn die Menschen wüssten, was sie wirklich wollen, und konsequent danach handeln würden. Die Konsequenz ist schwer genug, aber sie wird unmöglich, wenn wir nicht wissen, was wir im Leben wollen und wie wir unser Leben leben wollen. Viele Menschen meinen, dies sei gar nicht definierbar, weil es sowieso anders kommt, als man denkt. In jedem Leben gibt es Situationen, die gemäß den eigenen Zielen scheinbar unlösbare Probleme beinhalten. Aber erst

wenn wir unseren Zielen und unseren Werten treu bleiben, stellen wir fest, dass es fast immer einen Weg gibt. Dieser ist häufig auf den ersten Blick nicht zu sehen, manchmal auch nicht auf den zweiten. Aber es liegt an uns, hartnäckig zu bleiben, um dann im dritten oder vierten Anlauf den richtigen Weg zu finden. Werte und Ziele sind die Grundlage eines motivierten Lebens, denn sie geben uns die Motive, für die sich große Anstrengungen lohnen. Sie sorgen für ein klares und konzentriertes Denken, Planen und Handeln.

FRAGEBOGEN LEBENSPHILOSOPHIE

Wähle aus den 150 Werten auf der folgenden Seite deine zehn wichtigsten Werte aus. Beantworte zu jedem dieser zehn Werte zwei Fragen:

- Was meine ich mit diesem Wert?
- Was tue ich (jeden Tag) für diesen Wert?
- Wie möchte ich diesen Wert in der Zukunft verstärkt umsetzen?

Aus diesen Antworten wird der erste Rohentwurf deiner geschriebenen Lebensphilosophie. Halte sie in einem kleinen Buch fest, das du am besten in Reichweite deines Arbeitsplatzes aufbewahrst.

- ☐ Ehrlichkeit
- ☐ Frieden
- ☐ Entwicklung
- ☐ Wettbewerb
- ☐ Achtsamkeit
- ☐ Achtung
- ☐ Anerkennung
- ☐ Ansehen
- ☐ Bildung
- ☐ Kultur
- ☐ Gesundheit
- ☐ Harmonie
- ☐ Vitalität
- ☐ Liebe
- ☐ Autorität
- ☐ finanzieller Gewinn
- ☐ Geist
- ☐ Genuss
- ☐ Demut
- ☐ Ehre
- ☐ Ehrgeiz
- ☐ Freude
- ☐ Freunde
- ☐ Gastfreundschaft
- ☐ Geduld
- ☐ Spaß
- ☐ Willenskraft
- ☐ Fleiß
- ☐ Erholung
- ☐ Hilfsbereitschaft
- ☐ Geld
- ☐ Ruhe
- ☐ Hoffnung
- ☐ Höflichkeit
- ☐ Dankbarkeit
- ☐ Spiritualität
- ☐ Zuverlässigkeit
- ☐ Sammeln
- ☐ Vertrauen
- ☐ Integrität
- ☐ Pünktlichkeit
- ☐ Wissen
- ☐ Humor
- ☐ Nächstenliebe
- ☐ Gerechtigkeit
- ☐ Wohlstand
- ☐ Gelassenheit
- ☐ Wahrheit
- ☐ Natur
- ☐ Pflicht
- ☐ Phantasie
- ☐ Selbsterkenntnis
- ☐ Sparsamkeit
- ☐ Reisen
- ☐ Gemeinschaft
- ☐ Selbstbewusstheit
- ☐ Selbstverwirklichung
- ☐ Solidarität
- ☐ Standhaftigkeit
- ☐ Stille
- ☐ Abwechslung
- ☐ Respekt
- ☐ Fürsorge
- ☐ Energie
- ☐ Stärke
- ☐ Ausgleich
- ☐ Unabhängigkeit
- ☐ Begeisterung
- ☐ Tapferkeit
- ☐ Toleranz
- ☐ Treue
- ☐ Vernunft
- ☐ Leistung
- ☐ Einfluss
- ☐ Abenteuer
- ☐ Vertrauenswürdigkeit
- ☐ Wahrhaftigkeit
- ☐ Zivilcourage
- ☐ Der Nachwelt etwas Sinvolles und Gutes hinterlassen

WAS MEINE ICH MIT DIESEM WERT?

WAS TUE ICH (JEDEN TAG) FÜR DIESEN WERT?

WIE MÖCHTE ICH DIESEN WERT IN DER ZUKUNFT VERSTÄRKT UMSETZEN?

- ☐ Geborgenheit
- ☐ Anstand
- ☐ Aufrichtigkeit
- ☐ Ausdauer
- ☐ Authentizität
- ☐ Kinder
- ☐ Zielstrebigkeit
- ☐ Optimismus
- ☐ Verständnis
- ☐ Mut
- ☐ Weisheit
- ☐ Kunst
- ☐ Sicherheit
- ☐ Bescheidenheit
- ☐ Besonnenheit
- ☐ Beständigkeit
- ☐ Charakter
- ☐ Macht
- ☐ Einfühlungsvermögen
- ☐ Freizeit
- ☐ Reichtum
- ☐ Denken
- ☐ Sinn
- ☐ Individualität
- ☐ Selbstachtung
- ☐ Status
- ☐ Disziplin
- ☐ Einkommen
- ☐ Engagement
- ☐ Entfaltung
- ☐ Freiheit
- ☐ Kreativität
- ☐ Ethik
- ☐ Ruhm
- ☐ Aktivität
- ☐ Verantwortung
- ☐ Genügsamkeit
- ☐ Gesellschaft
- ☐ Glauben
- ☐ Güte
- ☐ Loyalität
- ☐ Karriere
- ☐ Fitness
- ☐ Lebensfreude
- ☐ Altersversorgung
- ☐ Ordnung
- ☐ Sexualität
- ☐ Familie
- ☐ Intuition
- ☐ Kompetenz
- ☐ Gewissen
- ☐ Heiterkeit
- ☐ Herzlichkeit
- ☐ Idealismus
- ☐ Kameradschaft
- ☐ Können
- ☐ Besitz
- ☐ Zärtlichkeit
- ☐ Schönheit
- ☐ Ausgeglichenheit
- ☐ Kraft
- ☐ Lehren
- ☐ Lernen
- ☐ Luxus
- ☐ Religion
- ☐ Philosophie
- ☐ Ausstrahlung
- ☐ Kontaktfähigkeit
- ☐ Mäßigkeit
- ☐ Mitgefühl
- ☐ Motivation

DOWNLOAD DES FRAGEBOGENS UNTER WWW.ERFOLGSLABOR.COM

ZEIT-MANAGEMENT

Immer mehr Menschen sind gestresst und leiden unter dem Phänomen des Zeitmangels. »Ich habe keine Zeit!« ist wohl einer der am häufigsten gehörten Sätze in unserem Alltag. Ebenso ist es eine der häufigsten Lügen im Alltag. Die Menschen reden sich und uns förmlich ein, keine Zeit zu haben, und vergessen dabei, dass wir auf der Tages-, Wochen-, Monats- und Jahresebene alle gleich viel Zeit zur Verfügung haben. Es ist offensichtlich und für jeden nachvollziehbar, dass jedem Menschen 24 Stunden pro Tag, sieben Tage in der Woche und 365 Tage im Jahr zur Verfügung stehen. Gerade als junger Unternehmer solltest du dir deine Zeit gut einteilen, um effektiv zu arbeiten und dich nicht zu verheizen.

EXPERTENTIPP

Definiere Prioritäten

Der wohl wichtigste Punkt im Umgang mit Zeit ist die richtige Definition von Prioritäten, da sich gerade an den Prioritäten zeigt, wofür wir unsere Zeit verwenden. Wir haben ja in der Regel kein Problem mit der Zeit, sondern ein Problem damit, was wir mit dieser Zeit machen. Es ist also nicht die Frage, was das Angenehme oder das Schwierige, das Interessante oder das »Was-gerade-oben-liegt«, das »Zufällig-sich-Aufdrängende« oder das »Am-dringendsten« ist. Die Frage in Bezug auf Prioritäten ist, was das Wichtigste ist.

Konzentriere dich auf das Wesentliche

Aus dem Fehlen der Konzentration auf das Wesentliche resultieren Verzettelung, operative Hektik, Stress, Zeitnot, Zeitdiebe und der Umstand, dass wir vieles auf einmal tun wollen; hinzu kommen Ablenkungen, unnötige Besprechungen und Termine, Unordnung auf dem Schreibtisch und fehlende Selbstdisziplin.

All das findet sich im Alltag der meisten arbeitenden Menschen häufig. Es ist ein Zeichen fehlender Konzentration auf das wirklich Wesentliche im Leben. Das führt dazu, dass Dringliches immer Vorfahrt vor Wichtigem hat.

Lass dich nicht ablenken

Häufig ist es so, dass wir uns mitten in einer konzentrierten Phase befinden und – aufgrund einer impulsiven Regung – uns mal schnell eine Kaffee holen. Auf dem Weg zum Kaffeeautomaten treffen wir jemanden und führen ein kurzes Gespräch mit ihm. So kommen wir erst zehn Minuten später an unsere Arbeit zurück und wundern uns, wo die Konzentration geblieben ist. Häufig fangen wir noch einmal ganz von vorne an.

Achte auf eine gute Organisation

Unordnung führt zu unnötigen Suchzeiten oder fehlenden Informationen, die wir auf umständlichem Weg wiederbeschaffen müssen. Des Weiteren führt Unordnung auch zu permanenter Ablenkung vom Wesentlichen.

Mache konsequent eine Tagesplanung (Wochenplanung)

Am besten schreibst du dir morgens auf, was du alles erledigen möchtest. Stelle dabei immer die wichtigen Dinge an den Anfang. Plane realistisch die Zeit ein, die du dafür brauchst, und vergiss auch deine Pausen nicht. Achte auf deinen eingenen Biorhythmus: Wann bist du besonders kreativ, wann besonders kommunikativ usw. Wichtig: Plane möglichst für jeden Tag etwas, auf das du dich freuen kannst.

Am folgenden Tag solltest du dann die Planung vom Vortag durchgehen und nicht erledigte Aufgaben wieder aufnehmen – oder sind diese Aufgaben unwichtig? Dann ersatzlos streichen!

Mache eine Aufgaben nach der anderen

Gleichzeitig E-Mails zu lesen, zu schreiben und zu telefonieren wäre zwar praktisch, aber auch bei einem Maximum an Multitasking-Fähigkeit – die wirklich guten Resultate bekommst du, wenn du einer Aufgabe deine volle Aufmerksamkeit widmest.

Lerne »Nein« zu sagen

Es gibt viele Gründe dafür, dass es Menschen schwerfällt, »Nein« zu sagen. Oftmals ist es der Wunsch nach Anerkennung und Harmonie, der uns immer wieder veranlasst, auch in solchen Situationen »Ja« zu sagen, wo wir eigentlich »Nein« sagen müssten. Ein klares »Nein« ist die zeitsparendste Antwort, wenn es um die Konzentration auf das Wesentliche geht.

Vermeide Hektik, Termindruck und Stress

Wir alle haben erlebt, wie viele Fehler solche Situationen verursachen, vergleichbar mit einer großen Welle, die sich schon längst überschlagen hat, und wir befinden uns im Strudel. Lerne, vor der Welle zu schwimmen und deine Energie zum Wellenreiten zu benutzen anstatt dich zu überschlagen!

Achte auf eine klare Kommunikation

Sobald wir undeutlich kommunizieren, Informationen weglassen oder selbst wesentliche Informationen nicht bekommen, mündet das meist in einen erheblichen zeitlichen Mehraufwand.

Unterbrechungen durch Telefonate

Anrufe gehören zu den schlimmsten Zeiträubern, wobei nicht nur das Telefon, sondern auch das auf Tonsignal gestellte E-Mail oder andere Signale den Arbeitsablauf stören. Unterbrechungen stören die Konzentration immens, und wir brauchen für Arbeiten sehr viel länger als ursprünglich geplant. Es sollte immer Zeiten in deinem Arbeitstag geben, an denen du für keinen zu erreichen bist und in Ruhe wichtige Arbeiten erledigen kannst.

Besprechungskultur

Sehr viel Zeit geht bei Besprechungen verloren, wenn sie nicht gut vorbereitet sind, die Beschlüsse unzureichend umgesetzt werden bzw. ohne konkreten Maßnahmenplan zu spät oder gar nicht in einem Protokoll festgehalten werden. Verfahre nach dem Motto, so wenig Besprechungen wie möglich, so viel wie nötig. Besprechungen machen nur Sinn mit einer klaren Agenda, einem klaren Maßnahmenplan und einem zeitnahen Protokoll.

CHECKLISTE

»BITTE BEACHTEN!«

Natürlich bleiben jetzt – nachdem du das Buch gelesen hat – viele Fragen offen. Du weißt jetzt mehr über einige Themen und hast wichtige Adressen und Hinweise bekommen. Bis dein Unternehmen gegründet ist, hast du noch einen spannenden Weg vor dir.
Als Letztes geben wir dir auf den folgenden Seiten noch eine Checkliste mit wichtigen Informationen und Tipps rund um das Leben als Unternehmer mit.

- [ ] Achte darauf, dass du am Markt bleibst und dich weiterentwickelst. Erkenne deine Schwachstellen und versuche, sie auszugleichen.

- [ ] Kontrolliere deinen Erfolg. Schau dir die Vorgaben aus deinem Businessplan regelmäßig an. Erfüllst du die Vorgaben? Hältst du die Zeitpläne ein? Gehen deine Pläne auf?

- [ ] Achte auf eine gute Buchführung. Fehler fangen oft beim Businessplan an und setzen sich dann fort. Meistens braucht man mehr Geld als man im ersten Moment glaubt. Lass dich gut beraten und checke deine Zahlen – und zwar nicht erst, wenn du mit dem Rücken zur Wand stehst.

- [ ] Bilde genug finanzielle Rücklagen für Steuernachzahlungen, Investitionen, schlechte Zeiten.

- [ ] Kümmere dich um deine Versicherungen (Rente, Krankheit, Berufsunfähigkeit) und sorge für Notfälle vor.

- [ ] Fokussiere dich nicht auf wenige Kunden, damit du nicht zu abhängig von ihnen bist.

- [ ] Betreibe Kundenakquise – auch wenn du viel zu tun hast.

- [ ] Such dir kompetente Partner für die Kundenakquise, also beispielsweise eine Werbeagentur, PR-Profis, Internet-Spezialisten.

- [ ] Sei nicht zu billig. Der günstigste am Markt zu sein klappt für Neugründer nur selten. Und vielen Kunden suggeriest du damit auch mangelnde Qualität. Ein fairer Preis für dich und den Kunden ist am besten. Manche Produkte werden nur gekauft, weil sie so teuer sind.

- [ ] Lass dich pünktlich bezahlen. Wartest du zu lange auf den Zahlungseingang, kann das schwerwiegende Folgen haben. Besser vereinbarst du grundsätzlich eine Vorauszahlung und Zwischenzahlungen gerade bei längeren, größeren Projekten. Halte klare Zahlungsziele schriftlich fest.

- [ ] Prüfe die Kreditwürdigkeit deines Kunden.

- [ ] Schreibe deine Rechnungen zeitnah. Räume schnellen Zahlern eventuell Skonto ein (2 bis 3 Prozent sind üblich).

- [ ] Erarbeite ein gutes Mahnwesen bei Zahlungsverzug deiner Kunden: Ruf erstmal selber an und frag nach und schicke dann – wenn das Geld immer noch nicht da ist – eine nette, aber nachdrückliche, schriftliche Mahnung.

- [ ] Lass deine Kunden, wenn möglich, das Material direkt bei deinem Lieferanten zahlen. Dadurch hast du ein viel niedrigeres Risiko.

- [ ] Achte auf angemessenes Wachstum: Wenn zu schnell zu viele Aufträge kommen, gibt es häufig Qualitätseinbußen, und das, was dein Unternehmen erfolgreich gemacht hat, geht verloren. Die Folge ist, dass viele Kunden wieder abspringen. Ein stetiges Wachsum ist für dein Unternehmen am besten. Bevor du immer mehr Aufträge annimmst, überlege dir gut, ob du sie bewältigen kannst oder ob du schnell Leute einstellen, Räume mieten usw. musst. Das kann schnell sehr riskant werden.

- [ ] Achte auf eine angemessene Arbeitsumgebung. Überschulde dich nicht, aber gönn dir auch ein paar Extras. Unternehmer sein soll ja Spaß machen und du musst motiviert arbeiten können. Brauchst du ein eigenes Büro, um dich wohl zu fühlen oder weil du eine klare Trennung zwischen Wohnen und Arbeiten haben möchtest oder bald Mitarbeiter einstellen willst? Überleg dir die Einmietung in Bürogemeinschaften oder miete einen fertig ausgestatteten Raum in einem Gründerzentrum.

- [ ] Schlechte Mitarbeiter – und mögen sie noch so nett sein sind Gift für jedes Unternehmen. Such dir deine Mitarbeiter genau aus.

- [ ] Achte auf dein Privatleben. Kümmere dich um deine Familie, deine Freunde und deine Hobbys. Gerade am Anfang wirst du viel Zeit in dein Unternehmen stecken, aber eine Work-Life-Balance ist wichtig, damit du langfristig erfolgreich sein kannst.

- [ ] Halte durch und mache dir während möglicher Durststrecken gerade am Anfang Mut. Ein Unternehmen zum Laufen zu bringen geht nicht von heute auf morgen. Habe Geduld mit dir, bleibe motiviert und gib Gas!

- [ ] Wichtig: Wenn du wirklich mit deinem ersten Unternehmen scheitern solltest, steck deinen Kopf nicht in den Sand. Erkenne den Zeitpunkt, an dem du dicht machen musst. Je eher du dann die Notbremse ziehst, desto besser kommst du wieder auf die Beine. Häufig gründen Unternehmer nach einer Pleite neu – mit mehr Erfahrung und erfolgreicher als vorher.

WIR WÜNSCHEN DIR VIEL SPASS, MUT, SELBSTBEWUSSTSEIN UND DURCHHALTEVERMÖGEN AUF DEINEM WEG!

DEINE NOTIZEN

INDEX